マダガスカルの異次元力

ひろしとアリスの異国交流を通して

88次元Fa-A ドクタードルフィン
松久正

青林堂

はじめに

私、ドクタードルフィンは、これまで国内外のさまざまな場所で、人類と地球の次元上昇のための、エネルギー開きを実施してきました。最近、その記録を紹介した書籍が続いていたので、ちょっと飽きている人もいるかもしれません。

しかし、私が、エネルギー開きの体験を通して現地で感じたこと、学んだことを、皆さんにお伝えしたいという思いは、ますます強くなっています。

マダガスカルはその思いが特に強かった場所でした。

私は、２０２２年10月に、エネルギー開きの一環として、ドクタードルフィンと行く「マダガスカル」スーパーリトリート～存在価値＆意義　超進化シークレットプログラム～という10日間のツアーを計画し、初めてマダガスカルを訪れました。

現地での体験は非常に衝撃が強く、ものすごいカルチャーショックを受けました。

今、世界で、どこの国に行けばいいか人に聞かれ、勧めるとしたら、迷わずマダガスカルを挙げるでしょう。それほど、人生を変える力、生き方や考え方を根底から覆す要素が、この島にはあったのです。

その素晴らしさを記す前に、そもそも、なぜ、マダガスカルへ行くことになったのか、お話しましょう。

この3年間、地球的な流れは、コロナ禍によって、重度のフラストレーションが溜まっている状態です。それを何とかしたいと思っていましたが、渡航制限のため海外でのエネルギー開きがなかなか実現しませんでした。

そんな混沌とした時期に、地球のチャクラを読んでいると、ある気づきがありました。

地球のベースチャクラ（第1のチャクラと第2のチャクラ）は、オーストラリアのエアーズロック、ハートのチャクラ（第4のチャクラ）は、ベトナムのハロン湾、第5のチャクラは、日本。そして、第6と第7のクラウンチャクラはイングランドだと、リーディングしてわかりました。

ですが、第3のチャクラがありません。どこかにあるはずだと、順番に読んでいた時、見つけたのがマダガスカルだったのです。

その後、マダガスカルについて、さらにリーディングしていくと、人類発祥の地ということがわかり、「これは行くしかない」といてもたってもいられなくなり、急遽、旅行の日程を決めました。

マダガスカル島は、アフリカ大陸の南東海岸部から、沖へ約４００キロメートル離れた西インド洋に位置する島です。オーストラリアを除くと、世界で4番目に大きな島で、人口は、２０１６年の時点で２４８９万人。東京の約2倍の人達が住んでいます。

ただ、アフリカ大陸の南東沖といっても、アフリカの文化とマダガスカルの文化は異なります。私は、アフリカの雰囲気よりは、東南アジアの雰囲気に近いと、すぐにわかりました。地理的には近いですが、アフリカとはまったく分離しており、その証拠に、マダガスカルには、ゾウやキリンなど、大型の動物は1匹もいません。生息している〝種〟が、まったく違うのです。おそらく、エネルギーも文化も違うのでしょう。

マダガスカルの素晴らしさは、まず固有種の多さです。

なかでも、特筆すべきはカメレオンです。「カメレオンの聖地」と言われるぐらい、何百種類もあるカメレオンのうちの半分が、マダガスカルの固有種として生息しています。さらに、キツネザルも、ここにしかいない固有種がたくさんいます。

さらに、有名なのはやはりバオバブの木。これも固有種です。アフリカ大陸に種類の違うバオバブがありますが、マダガスカルのそれは別格です。非常にエネルギーが強く、バオバブのメッカといえばここ。これを見るだけでも、人生においての価値があります。

カメレオン、キツネザル、バオバブ。代表的なこの3つを含め、マダガスカルは固有種の王国です。そのため、島自体のエネルギーも、際立って高い。

私ドクタードルフィンは、「ぶっ飛んだ医者」「ぶっ飛んだ存在」と、よく言われますが、そんな私が、『何てところなんだ!』とぶっ飛ぶほどです（笑）。

マダガスカルは、「地球最後の秘境」と言われ、誰も知らない手つかずの場所も多く、地球上で1番、面白いところかもしれません。その強烈なパワーに触れ、私自身、エネルギーが上がり、生まれ変わりました。

そして、帰国後は、カメレオンの虜になり、家はカメレオンのぬいぐるみやフィギュアだらけです。爬虫類を含め、動物、植物への愛情がより深まり、ゾッコンになっています。

そんな、マダガスカルでの体験を本にしたいと考えた時、これまでのように、ただ紹介するだけでは足りないと思いました。

楽しく読みながら、マダガスカルのパワーを体感し、吸収してもらうためには、どうしたらいいか。そのように考え、今回は、架空の人物——日本人の男の子・ひろしと、マダガスカル人の女の子・アリスが登場する物語と共に、私の実体験を記した、2部構成にしようと思いつきました。

ひろしとアリスの交流、私ドクタードルフィンのエネルギー開きの旅を通して、マダガスカルの、ダイナミックでパワフルな生命力を、より生き生きと感じていただきたい。そして、本書を読んだ方すべてが、素晴らしいエネルギーに満たされることを願っています。

88次元 Fa-A
ドクタードルフィン 松久 正

目次

ひろしとアリスの物語

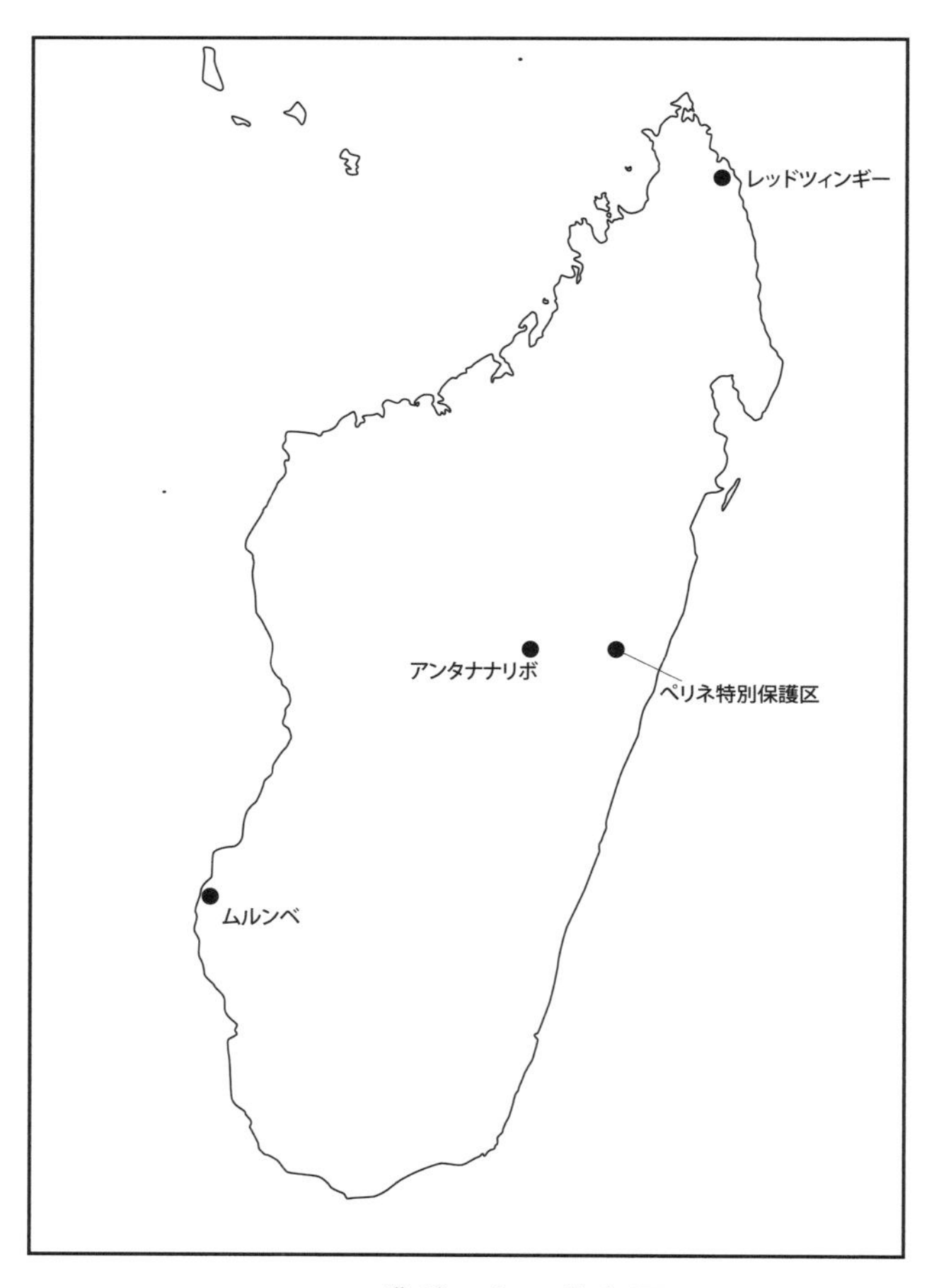

マダガスカル共和国

プロローグ

太鼓を叩(たた)く異国の少女

「僕は何のために生きているのだろう」

「ひろし、一流大学に通って一流企業に入って、お父さんのように偉くなるんだぞ」

父親はそう言って、小さい頃から、息子のひろしに一流の教育を受けさせてきました。

「お父さんの言う通りにしていれば幸せになれるわ。だから、もっと勉強して頑張りなさい」

母親は、呪文のように繰り返し、ひろしを励ましてきました。

ひろし自身、2人の言うことに疑問を持ったことはありません。父親は大手企業の役員。母親は専業主婦。東京の下町に住む〝中の上〟の典型的な中流家庭でしたが、1人っ子のひろしは何不自由なく育ち、それ以外の幸せがあるなんて想像もつきません。親に行けと言われた塾に通い、やれと言われた中学受験のため、ずっとずっと頑張ってきました。

でもひろしはしくじってしまいました。志望校に落ちてしまい、入れたのは第3志望の中学です。

「こんなところでつまずいてしまった。僕はお父さんのようにはなれない」

初めて味わった挫折と劣等感。でも、弱音を吐けば父親に怒られます。心に渦巻くコンプレックスを黙って仕舞い込み、せめて上位を目指そうと猛勉強しますが、思うように成績は上がらない。試験の順位が下がるたび、コンプレックスは膨らみ、実力が出せなくなり、ずるずると落ちていく、負のループから抜け出せません。心配した父親が高額の月謝を払って優秀な家庭教師をつけてくれましたが、成績は下位のままです。

学校に行っても、周りを見れば、みんな同じようにいい大学、いい会社を目指している人間ばかりです。それが「唯一の幸せ」だと信じ、能面のように、誰もが、同じ顔をしている。でも、ひろしはそこに追いつくこともできません。もがいても、

もがいても、ますます引き離されていきます。

中学2年の夏には、とうとう成績が学年で下から10分の1という状態になってしまいました。

「お前は何をやっているんだ。こんな成績で恥ずかしくないのか」

「ひろし、お父さんをがっかりさせないで。もっと頑張りなさい」毎日毎日、怒られ続け、家で父親と顔を合わせることが、苦痛でたまらなくなっていきます。

「これ以上、お父さんの言うことを聞いて頑張っても、成績は伸びない。だって僕は駄目な人間だから。価値のない人間だから」

自信を失い、絶望的になり、将来の希望が持てなくなる。ひろしは病み始めていました。

そんな14歳の夏のある日、ひろしが住む町で、昔から続いている夏祭りがありました。

「気分転換に遊びに行って、太鼓でも叩かせてもらいなさい」

母親に言われて、お小遣いをもらい、1人で祭りに行きました。出店を見ながら、ぶらぶらと歩き廻(まわ)っても、ちっとも気は晴れません。「帰ろうかな」と思いながら広場になったところまで来ると、山車(だし)が出ているのが見えました。

その上で一生懸命太鼓を叩いている、自分と同い年ぐらいの少女が目に飛び込んできます。浅黒い褐色の肌に、ビロードのような赤毛をポニーテールにした外国人の女の子。その瞳はキラキラと輝いています。

その姿にひろしは釘付けになりました。

自分が通っているのは男子校なので、同年代の女の子、ましてや外国人の女の子に出会う機会はほとんどありません。しかも、目が死んだような同級生しか見ていなかったひろしにとって、その少女が放つ輝きは鮮烈でした。

「こんなに、生き生きとした目を見たことがない」

少女は10分ぐらい太鼓を叩くと、列に並び直し、また叩くということを何度も繰り返しています。ひろしはその姿に見とれ、足に根が生えたように動けません。気づけば2時間ぐらい、その場に突っ立っていました。

ようやく太鼓を叩くのをやめて、少女は休んでいます。ひろしはそこへ吸い寄せられるように歩いていきました。男子校に通うシャイな彼にとって、見知らぬ外国人の女の子に近づくなんて、いつもなら恥ずかしくて考えられません。

でも、なぜか自然に声を掛けていました。

「ハ、ハロー」

勇気を出して、拙い英語で挨拶をします。

「Hi」

少女は嬉しそうに答えてくれました。

屈託のない表情に一瞬、たじろぐひろし。でも、まっすぐ見つめる瞳があまりにも澄んでいたので、思わず次の言葉が出てきます。

「ユ、ユア、プレイ、イズ、ナイス」

「Ｗｏｗ，Ｔｈａｎｋ　ｙｏｕ！」

こぼれるような笑顔。ひろしは嬉しくなって、さらに中学で習った英語を振り絞ります。

「ワット、イズ、ユア、ネーム？」

「Ｍｙ　ｎａｍｅ　ｉｓ　Ａｌｉｃｅ．Ｗｈａｔ'ｓ　ｙｏｕｒ　ｎａｍｅ？」

「マイ、ネーム、イズ、ひろし」

「Ｏｈ，Ｈｉｒｏｓｈｉ！　Ｇｏｏｄ　ｎａｍｅ！」

ひろしの発音は滅茶苦茶、ぎこちない英語でしたが、どうやら〝アリス〟には伝わったようです。

「Ｉ'ｍ　ｈｕｎｇｒｙ．Ｌｅｔ'ｓ　ｇｅｔ　ｓｏｍｅｔｈｉｎｇ　ｔｏ　ｅａｔ」

ひろしはちゃんと聞き取れなかったけれど、食べる真似をするアリスを見て、お腹が空いているとわかりました。

「ＯＫ！」

2人並んで歩き出すと、たこ焼き屋の前でアリスが珍しそうに立ち止まります。

「What is this?」

「ディス、イズ、たこ焼き」

「TAKOYAKI? What is that?」

「ベリー、グッド、デリシャス。レッツ、イート」

ひろしは母親にもらったお金で6個入りのたこ焼きを買い、屋台の横にあるベンチに座って、2人で半分ずつ食べました。

「Oh, good! This is good!」

　おいしそうに食べるアリスを見て、ひろしは、ちょっと誇らしくなります。その後もメロンソーダを飲みながら、身振り手振りを交え、カタコトで話す2人。もっと話したい、もっとアリスのことが知りたい。ひろしは英語を話せない自分がもどかしく、焦れてきます。

　その時でした。

２人の前に突然、ブラックホールが現れました。丸い円のスターゲートです。

２人は、その中にあっという間に吸い込まれ、真っ暗闇の中、左回りの螺旋状に回転していきます。何度も何度もくるくる回っていると、その先に光が見えてきて、そこにまたスーッと吸い込まれていく……。

気づくと、元のたこ焼き屋の横のベンチに戻っていました。周りの風景も祭りのざわめきも、まったく変わっていません。でも、何かが違う。

横にいるアリスを見ると、彼女はにっこり笑って言いました。

「私、日本語が話せるの」

「ウソ？　何これ？」

スターゲートを通って違う次元世界に行き、日本語で会話できるのが当たり前の世界になったのです。

「信じられない。こんなことってあるんだ」

「初めまして、ひろし」

「初めまして、アリス」

改めて挨拶をする2人。さっき初めて会ったはずなのに、アリスには安心して心を開ける。世界の変化も、なぜか自然に受け入れられる。ひろしは、生まれて初めて感じる、不思議な感覚を噛(か)み締めていました。

神秘の木「バオバブ」の章

スターゲートを通りマダガスカルへ

「アリスはどこの国の人？　なんで日本に来たの？」

「私が住んでいるのはマダガスカル。知っている？」

「聞いたことはあるけど、あまり知らない」

「日本からずっと離れた、西インド洋にある島よ」

「ずいぶん遠いね。想像もつかないや」

「そうだよね。私も日本は初めて。東京の企業と仕事をしているパパと一緒に来たんだけど、パパは仕事がうまく行って先に帰国したの。私は体験学習って形で、日本の中学校に行ってみたかったから、1人で残ったんだ」

「1人で!?　すごい勇気あるね」

「勇気なんて必要ないよ。知らない国のことを知るのは楽しいもの」

「このお祭りには、何で来ていたの？」

「パパの会社の人が、日本の思い出にって、連れて来てくれたの。そしたら、太鼓があって、見ていたら、どうしても叩きたくなっちゃって。叩き方とか、全然知らないけど、好きなように叩いたら、楽しくて止まらなくなってしまったってわけ」

「本当に楽しそうだったよ。僕、目が離せなくなったもの」

「私も、太鼓を叩きながら、ひろしを見ていたよ。ポツンと1人ぼっちで、すごく寂しそうな顔をして、私を見ていたでしょ。だから、気になっていたの。何かあったの？」

「うーん、実はすごく悩んでいるんだ。僕は中学2年生で、まだ14歳なんだけど、将来は良い大学に入って、良い仕事に就いて、偉くならないといけなくて……」

「待って待って、私もあなたと同じ14歳だけど、そんな先のことは考えていないよ」

「日本ではね、10代から大人になった時のことを考えておかないと、落ちこぼれになっちゃうんだ。でも、僕はまったく自信がない。どうしていいかわからないんだ」

「それで元気がなかったのね。私が太鼓を叩いている姿を見て、少しは元気が出た？」

「うん。君の輝いている目を見たら、ちょっと元気が出たかな。僕、毎日、学校に行くのも家にいるのも、しんどいんだ。家では、両親にいつも勉強のことを聞かれて、でも、成績は落ちるばっかりで、親はそんな僕にがっかりして、すごく悲しんでいる。そういう親を見るのも辛くて居場所がないんだよ。学校も、僕より成績のいいやつばっかりでさ。みんな、きっと、僕のことを馬鹿にしている。見下されているような気がして、気楽に話せる友達もいないんだ」

「ふーん、私がいるマダガスカルでは、悩んでいる子はあまりいないかもしれない。みんな明るいよ。でも、日本はマダガスカルより、ずっと裕福な国じゃない？食べるものも着るものも溢（あふ）れていて、欲しいものは何でも買えて、環境も整っている。そんな国に住んでいる日本人は悩みなんかなくて、みんなとっても幸せだと思っていたの。だけど、そうじゃない人もいるみたいね」

「君の国から見ると、日本は幸せそうに見えるんだね。でもね、僕は幸せじゃない。すごく悩んでいて、時々、消えてしまいたくなる。いっそ死んでしまった方が楽なんじゃないかって思うけど、親は僕に期待して一生懸命応援しているから、余計に辛いんだ。もっと頑張って、親を喜ばせないといけないって焦るけど、やればやるほどうまくいかないんだよ」

「そうか、辛いね。私ね、実は明日、帰国するの。飛行機でマダガスカルに帰るんだけど、あなた、一緒に来ない？」

「えー！　行けるわけないじゃん。親が許すはずないし、夏休みの夏期講習もあるし、サボったらまた成績が落ちるし、絶対、無理だよ」

「でも、あなたは今のままだと駄目になるかもしれない。私、直感でわかるの。マダガスカルにいっぱいお友達がいるけど、ひろしみたいに落ち込んでいる人は見たことがない。だから、ほっとけないの。マダガスカルに行っちゃおうよ？　ね、行こ、行こ、行こ！」

「絶対、無理無理無理！　親を裏切ることになるもん。殺されちゃうよ」

「大丈夫よ。あなたが生まれ変わって帰って来たら、親も喜ぶって」

「考えられないよ。絶対、無理！」

「あなた、カメレオンを見たことある？」

「突然、何？」

「いいから。カメレオンは知っている？」

「名前は知っているけど、見たことはないよ」

「マダガスカルにはね、そこにしかいないカメレオンの固有種がたくさんいるの。カメレオンを見たら、考え方も生き方も変わるよ。あと、サルは知っているよね？」

「知ってるよ。日本にも山とかにいっぱい、いるし」

「マダガスカルにいるのは、もっと陽気で楽しくてハッピーなサル。キツネザルっていうんだけど、〝レミューアイランド〟ってところにいっぱいいるの」

「レミューアイランドって？」

「古代よりも、ずっとずっと古い、超古代のレムリア文明があったところ。〝レミュー〟はレムリアって言葉からきているんだよ。あとね、日本も自然が豊かでびっくりしたけど、マダガスカルの自然はちょっと違うの。バオバブって木があるんだけど、知っている？」

「何？　バオ、ビビ？　ブブブ、ブブブ？」

「バ、オ、バ、ブ」

「バオババビ？」

「違うって。バオバブ」

「バオバブ」

「そうそう。バオバブの木を調べてごらん。きっと人生で1度も見たことがない形をしているから。この木もマダガスカルの固有種なんだけどね、多分、生命力が地球上の木の中で1番あると思う。ひろしは、今、生命力が全然なくて、死にかけているじゃない？」

「死にかけているって、ひどいなぁ」

「でも、事実でしょ？　根っこも張ってなくて、グラグラしているじゃない。でも、バオバブの木は根っこをしっかり張って、幹も太くて、生きる力が抜群なの。

これこそ、あなたに足りないものよ。バオバブの木と触れ合って、生命力を獲得する必要があるわ」

「バオバブの木も、カメレオンもキツネザルも、すっごく気になるし、マダガスカルにも行きたいけど、どうしよう、困ったな。絶対怒られるし、絶対無理だし」

「ひろしはさっきから〝無理〟って何回言った？　マダガスカルの子供達は、無理って感覚はないのよ。絶対大丈夫って気持ちしかなくて、でも、高望みもしない。私達はできることとできないことを知っていて、できることは必ず成し遂げられるってわかっているの。だから、いつも希望がある。でも、あなたは絶望の塊に見えるよ」

「本当のことを言われてショック……。アリスの言う通り、僕、絶望しかないんだよね」

「マダガスカルの子供達は、裕福ではないけど、毎日ハッピーなの。あなたが言ったみたいに、良い成績をとって、良い大学に入って、良い仕事に就くってことはないし、日本人から見たら、とっても貧しい暮らしをしている。でも、お金がなくても、偉くならなくても、みんな幸せを感じているんだよ」

「……」

「私、数週間しか日本にいなかったけど、その間にいっぱい学んだの。日本はこんなに文明が発達しているから、みんなハッピーに暮らしていると思っていたけど、幸せじゃない人もたくさんいるんだなって。で、ひろしの話を聞いて、私、さらに、自分の国に誇りが持てたの。だからこそ、あなたをマダガスカルに連れて行きたい。行けばきっと何か掴(つか)めるって確信したんだ」

「僕だって行きたいけど、駄目、無理」

「もう〝無理〟は禁句！　行っちゃえば大丈夫だって。さ、行こう」

そう言ってアリスがひろしの手を取ると、さっきより2倍はありそうな、大きなブラックホールが目の前に現れました。アリスはひろしの両肩を強引に持って、そこへ飛び込みます。

「うわ!!　何!?」

「力を抜いて！」

２人はそのまま吸い込まれ、さっきと同じように左回転でくるくる旋回し、光へ向かって舞い降りていきました。

すると、そこはもう別世界。夏祭りも、たこ焼き屋も、ベンチもありません。巨大なバオバブの木がどーんと目の前に広がり、ひろしはたまげました。

初めての「バオバブ」

「何!?　ここどこ!?　僕ら、たこ焼き屋の前にいたよね？　この木、何?!　こんな形の木、見たことない。押しつぶされる、やばいよ。それに何、この暑さ。ここ、砂漠？　草がちょっとしか生えてないけど」

「ひろし、やったね。私達、マダガスカルに来ちゃったみたいよ」

「えー!!　ウソ？　夢？　ほっぺた、つねって。あ、痛い。夢じゃないよ、どうなってるの？　僕ら、どうしちゃったの？」

「落ち着いて、ひろし。今、ちゃんと話すから。私は、こんな貧しい国で育った女の子だけど、生まれた時から目に見えない存在についていろいろ教わってきたの。宇宙の秘密というのかな、宇宙の神様について、言葉じゃなく直感でいつも教えられてきたのよ」

「神様と今のこの状況と、どう関係があるの？」

「みんな海外に旅行する時は飛行機や船に乗るでしょ。月とか火星とか、違う星に行く時もロケットに乗るし、移動する時は何か乗り物が必要だよね。でもね、私が宇宙の神様から教わったのは、次元を通り抜けるエネルギーの出入口があるということ。それを地球ではブラックホールとかホワイトホール、またはスターゲートとも言うのね。で、そこを通り抜ければ遠く離れた場所も一瞬で行けるし、さっきみたいに突然、言葉が通じる別の世界にも行ける。もっと言うと、過去や未来、時間も移動することができるみたいなの」

「そんな、信じられない」

「でも、たった今、こうして日本からマダガスカルに来たじゃない！」

「うん……まだ、びっくりして信じられないけど」

「私は、次元の出入口を通れば、違う場所、違う世界、過去や未来にも行けることをすでに知っていたの。なぜかというと、子供の頃から、何度かさっきみたいな真っ黒な穴が現れて吸い込まれたことがあるから。その先で見たのは、かつてマダガスカルの人々がこの国を守り、そのために命を落とした人もいる過去だった。今の、平和なこの国があるのは、その人達のおかげだって、感謝の気持ちが湧いたわ。あと、一面、焼け野が原になった、昔の日本にも行ったことがあるよ。人々はみんな家族と家を失い、泣いていて、それが第2次世界大戦の時の日本だってすぐにわかった」

「じゃあ、アリスが日本に来たのは初めてじゃなかったんだ?」

「正確に言うと、そういうことになるね。私は日本に縁があるみたい。だから、今の東京を見て、こんなに復興して素晴らしくなっているんだって驚いたよ。焼け野が原になった時、日本人はみんな絶望していたと思うの。絶望の種類は違うけど、今のひろしのようにね。でも、そこから、見事に立ち直った。ひろしだって、きっと立ち直れるわ」

「そうかなぁ。でも、実際、僕らは、その次元の出入口、ブラックホールだっけ？　そこを通ってマダガスカルに来たんだよね」

「それは全部、宇宙の神様が私達を誘導してくれたからよ。子供の頃の私を過去に移動させた神様と同じ神様が、今の私達を見て『もっと幸せにしてやりたい』って、こうしてマダガスカルへ誘導したの。そして、1番最初に、このバ、オ、バ、ブの木のところに連れて来てくれたんだよ」

「これがババビ、バ、バブ、バブビ……じゃなくて、バオバブなんだ。想像していたよりずっと、すっごいや。こんな木があるんだね」

「この木をよく見て、ひろし。周りは砂漠でしょ。水なんかほとんどない。雨季には雨が降るけど、乾季にはずーっと雨が降らないの。でも、こんな大木になっている。すごいでしょ。これを見たら、今のあなたは、ちょっと、甘えているって思わない？」

「そうなのかな。僕、今まで自分が甘えているなんて、これっぽっちも思っていなかったよ。ちょっと親を憎んでいたぐらい。だって、僕はこんなに一生懸命、お父さんやお母さんのいう通りにやっているのに、ちっとも認めてくれないし、結果も出ない。神様なんていないと思って親を恨んでいたんだ。でも、そうだね、バオバブの木を見たら、力強く生きているって思った。ほとんど水分のない土地で、こんな大木になって存在するなんてすごいよ」

「木の幹を見てごらん。人間のお尻みたいじゃない？」

「本当だ。普通の木はもっとすらっとしているけど、この木はお尻みたいに膨張しているね」

「これがバオバブの特徴でね、膨らんだ幹の下で毎年毎年、徐々に根を伸ばして強力に根を張っているの。これはマダガスカル人の生きる姿そのもので、私達はしっかり根を下ろし、地に足を着けているから、ちょっとやそっとじゃ倒れないのよ。でも、東京では地に足が着いていなくて、フラフラしている人が多かった気がする。朝の通勤の時に、お父さんと一緒に東京駅から電車に乗ったけど、みんな同じ表情、同じ方向を見ていて、何を考えているのかわからないなって思ったよ。それを見てね、仮面みたいだなって。仮面を被っていないと不安だから、みんな、素顔を隠しているんじゃないかな」

「アリスはよく見ているね。日本人はね、体裁を整えるのがすごく得意で、自分の弱点を隠している人が多いんだよ。表向きは何もないような顔をしているけど、家庭では大変な問題を抱えていたり、隠しごとをしたり、悪いことをしている人もいる。僕はまだ中学2年だけど、ＹｏｕＴｕｂｅでそういう人達の動画を観たから、よく知っているんだ」

「〝ユーチューブ〟って何？」

「え、知らないの？　じゃ、インターネットは知っている？」

「それはわかる。パパが仕事で使っているから。でも、私は、ほとんど使ったことがないし、マダガスカルではインターネットがある家なんて、ほんの一部じゃないかな」

「そうなんだ。ＹｏｕＴｕｂｅっていうのはね、時間や場所を超えて、いろいろな情報を画面で観られるもの。世界中のニュースやドキュメンタリー、ストーリーも観られるんだよ」

「ふーん、すごいね」

「でもね、何を観たって、結局、コンピューターの画面上に映っているだけ、ただの〝情報〟なんだよね。最近は僕、いろんな画像をどれだけ観ても、何も感じなくなっちゃった。だから、太鼓を叩いているアリスに衝撃を受けたんだと思う。久しぶりに、人間らしい人間に出会えた気がしたんだ」

「私も〝ユーチューブ〟を観たいとは思わないな。だって、直接、見たり、聞いたり、触ったりしたいもの。画像を観るより、その方がずっと楽しくない？」

「うん、僕も、今はバオバブを見ながら、もっとこの木の話を聞きたい。教えてよ」
「わかった。この木は頭にちょこちょこって枝を出していて、その先に葉っぱをいっぱい付けているでしょ。これって面白くない？」
「うん、ヘンてこ（笑）」
「私達、マダガスカルの人達はこの姿を見ているだけで、ホッとするの。この木と一緒に、自分達も生きているって気持ちにさせてくれるから。バオバブを見に、世界各地から観光客もたくさん来るけど、ほとんどの人は

『すごいなー』って、珍しい形に驚いているだけ。この木の生命力の強さやエネルギーの素晴らしさを、本当にわかっている人は、多分、そんなにいないと私は思っているの。ひろしもね、今、1番大事なのはバオバブの生命力に気づくこと。そのために神様は、私達をここに連れて来たんじゃないかな。この木の幹に抱きついてごらん」

「え、襲ってこない？　僕を食べちゃったりしない？」

「何、言ってるの。早く行きなさい、弱虫さん」

「ちょっと怖いなぁ。すごく太いから僕の腕じゃとても回りきらないよ」

「この木はバオバブの中でも1番、大きくて立派だからね。周りを1周するのに最低でも5人はいるかな。とりあえず抱きついてごらんなさいって」

恐る恐る木に近づくひろしの背中を、パンと押すアリス。

「ちょっ、やめてよ、そんな乱暴な」

「はははは、ひろしがグズグしてるからよ」

そっと幹に抱きつくひろし。

「そのままでいて、ひろし。あなた、生まれてきて14年間、木に抱きついたことある？」

「ないよ。そもそも、木と触れ合ったこともないし、木について考えたこともない。いつも、頭の中は成績や将来のことでいっぱいだもん。そんな時間も、そんな瞬間もなかったよ」

「それが〝人間らしくない〟ってことなの。人間はね、自然と触れ合うことで学ぶことがいっぱいあるのよ。学校の勉強も大事かもしれないけど、勉強をしている時、多くの人は学んでいない。エゴを満たしているだけなの。豊かに幸せに生きるためには、自然と触れ合わないと駄目。今、抱きかかえているその木から、何か感じない？」

「何も感じない。僕、鈍感なのかなぁ。勉強しかしてこなかったから、自然のことがまったくわからないのかも」

「そのまま、じっとしていて」

「こんなことして、どうなるの？」

「いいから、じっとして」

木の精霊からのメッセージ

アリスに言われた通り、3分間ほどじっと木を抱いていると、幹の中から声が聞こえてきました。

「ひろし」

「え、今、なんか声が聞こえてきたよ」

「聞こえた？　きっと木の精霊よ。私も時々、バオバブの木の精霊とお話をして、一緒に遊ぶの。今も、木の精霊があなたのことが気になって語りかけてきたのね。木の精霊は心を閉じている人には反応しないの。本当に純粋な人にしか語りかけないから、ひろしに声が聞こえたのなら、あなたの心が開きかけている証拠よ。よく耳をすませて、今度は声を掛けてみて」

「バオバブの木の精霊さん、こんにちは」

「よく来たね、ひろし」

「あ、喋（しゃべ）った！　ったよ、アリス！」

「もっと、お話をしてみて。あなたの悩みを聞いてくれるよ」

「こんにちは。僕はひろしです。中学2年生で、日本から来ました。いつも親から『勉強をしろ』『良い成績を取れ』って言われるけど、うまくいかなくて毎日落ち込んでいます。もう、絶望の日々です。生きる希望もなくて、辛いです。本当に辛いです」

「ひろし、あなたのいる日本という国は、心が病んでいる人が多いね。それは人間にとって、何が1番大事なのか見失っているから。大事なのは生きる力。そして、生きる希望。その希望を生み出すためには、瞬間瞬間、常に喜びと感動に触れる存在にならないと駄目なんだ。でも、ひろしの中には今、喜びと感動どころか、その反対の悲しみと無関心しかない。勉強しているけど、本当は勉強に関心がないから、

成績も上がらないんだ。どんなことも、喜びと感動を持てるようにならないと、うまくいかないいんだよ」

「その通りです。今の僕には希望なんてない。希望を持つために必要な喜びも感動も、まったく感じないし、感じるのは無理だと思ってます」

「ひろし、人間は変われるってことを、このマダガスカルの旅で学んで欲しい。あなたに伝えたいことは、環境のせいにしてはいけないということ。私達、バオバブは最初、この地にきた時、生きていけないと思った。なぜなら、乾季には雨がまったく降らない土地だから。そして、地面に土がないところで、木が育つわけがないと思っていたから。この島にたどり着いた時、みんな逃げようとして、怖くて海に飛び込んだ仲間もいたんだ。でも、私の先祖達は環境が悪いなら、そこに適応できる存在になろうと変わっていった。だから、今、こうして、マダガスカルの固有種として、普通の木なら生きていけない環境で生きていけるようになったんだよ」

「でも、僕は生まれた時から、両親も自分の行くべき道も決まっていて変えられません。どんなに嫌でも家から飛び出したら、生きていけないし、環境なんて変えようがないです」

「人間はみんな、最初はそう考えるんだ。でもね、親や環境を変えられないなら、あなたが変わればいい。あなたが変われば環境は変わっていく。それは、私達、バオバブを見ればわかるよね。私達がバオバブの木として変化し、根を下ろしても、最初は誰も振り向かなかった。でも、だんだんとこの場所に世界中から人が来るようになり、マダガスカルの象徴になった。私達は、そのことに誇りを持っているんだよ」

「でも、変わるって、大変なことですよね」

「私達も、最初は辛かったよ。うまくいかないし、死んでいく仲間もいた。でも、数本、生き残った。その姿を見て、みんなが『自分達にもできる』って希望を持ったんだ。そして、根を張り始め、マダガスカルの一部になって、こんなにたくさんの仲間が育ったんだよ。そんなバオバブの木を見て育ったマダガスカルの子供達は、どんなに難しくても無理なことなんてないと知っている。自分が変わればすべてが

可能になると、バオバブの木のある自然環境の中にいるだけで、身を以て学んでいるんだ。ひろしも、絶望の中から、自分の力で飛び出して欲しい」

「僕にできるかな？　親に逆らったら絶対怒られるし、どうしたらいいんだろう？」

「ひろしがこのマダガスカルの旅で学び終えて、日本に帰った時、きっと生まれ変わっているはず。その姿を見れば、ご両親の心の中に何かが芽生えて、変化が生まれるんじゃないかな。それこそが、自分が変わり、環境を変えるということ。そうなれば生きる方向性も変わっていく。私は、そんなひろしに期待しているよ」

「やってみます。ありがとう、バオバブの精霊さん。あれ、なんか、今、すごく温かいエネルギーが入ってきた。何、これ？」**「それはね、私達のあなたに対する愛情だよ。『あなたを見守る』というサイン。温かく感じる？」**

「はい。温かいし、今度はジンジンしてきました」

「ジンジンするのは、ＤＮＡを目めさせるための木の鼓動。バオバブの細胞が、眠っているひろしのＤＮＡを目醒めさせているんだよ」

「僕、14年間生きてきた中で、感じたことがない何かを感じています。何だろう、この気持ち、この感触。今までこんな感覚になったことないけど、地球で生きているって、こういうことのような気がする」

ひろしの頬に涙が流れています。

「良かったね、ひろし。マダガスカルでの〝レッスン1〟の終了だね」

微笑むアリス。

そして、いつの間にか、近くに住んでいる30人ぐらいのマダガスカルの子供達が、木を抱くひろしの周りに集まっていました。彼らはとても純粋で人の心が読めるため、ひろしが喜びの涙を流しているとわかるのです。

歓声をあげる子供達。つられて、思わず「イエーイ」と両手を挙げるひろし。その声に「イエーイ」と、子供達がいっせいに応え、歓喜のコール&レスポンスが続きました。

ひろしは、これまで感じたことのない興奮と感動で、心がはちきれそうになりました。マダガスカルチルドレンのピュアなハートと、ひろしのＤＮＡが振動し、共鳴したのです。

世界1のオレンジジュース

「ひろし、私のパパが車で迎えに来てくれているの。これから、3人でマダガスカルのいろんなところを回ってみましょうよ」

「え、アリスのお父さん？　いきなり？　緊張するなぁ」

「大丈夫よ、パパは優しいから、心配しないで。あ、パパ、ここよ、ここ！」

アリスと同じ褐色の肌と赤い髪の男性が歩いてきます。

「アリス、東京にいたんじゃなかったのかい？　急に連絡が来て、パパ、驚いたよ」

「ふふ、いろいろあってね。こちらは、日本で知り合ったひろしくん」

「こんにちは、ひろしくん」

「は、はじめまして、ひろしです。よろしくお願いします」

「ははは、そんな固くならないで。アリスの友達ならいつでも大歓迎だよ。で、２人はどこに行きたいんだい？」

「パパ、ひろしに、マダガスカルに昔からある村を見せてあげたいの。豊かじゃないけど、彼らがいかに生き生きしているか知って欲しいから。ひろしにとって絶対、貴重な経験になるわ」

「僕も見たい。連れて行ってください。お父さん、お願いします」

「よし、わかった」

アリスとひろしは後部席に乗り、ドライブが始まりました。最初に向かったのは、首都のアンタナナリボ。高速道路が整備され、ビルも建ち並んでいますが、それはごく狭い一部の地域だけです。そこを抜けて走り続けると、すぐにひなびた田舎の街並みに変わります。レンガ造りの貧しい家が並び、足元は舗装されていないデコボコの道に。

「このまま西海岸のムルンダヴァというところへ行って、いろいろな村を見てみよう。その間、外の景色を眺めていてごらん」

「うわー、牛がいっぱいいる！　でも、日本の牛と違ってツノが長いね。体も筋肉質っぽいし、何ていう牛なの？」

「マダガスカルの固有種で、セブ牛っていうのよ」

セブ牛は荷車に繋（つな）がれ、人間が後ろからパチンと鞭（むち）で尻を打っています。

「鞭で打ってるよ。可哀想だな」

「打たないと、怠けて前に進まないの。でも、大丈夫よ、打たれても痛くないみたいだから。マダガスカルはお米が主食だから、ああして農作物を運ぶのに牛がいないとやっていけないの。いたるところに牛がいるでしょ。これが私達の日常の光景よ」

「日本とは全然、違うね」

田舎道を走っていると、小さな村が点在しています。1つの村を過ぎると何もない道が続き、30分ぐらい走ると、また次の村が出てきます。村と村は離れており、こじんまりと固まって集落を作っているのです。

「ねぇ、アリス、日本はどこへ行っても建物があって、人がいて、交通機関も発達しているから、みんな繋がっているけど、ここの人達は隣の村がすごく離れているよね？　牛なんかじゃ到底、行けない距離だし、車も持っていないみたいだし」

「車を持っているのは都会の裕福な人達だけ。こういう農村の人達は、さっきの牛の荷車か、あとは歩くのよ」

「えー、そしたら村から、あんまり出られないじゃん」

「ここでは、それがまったく普通なの。私は町の方に住んでいるから、バスとか車で移動できるけど、村に住んでいる友達の中には村から外にまったく出たことがない子もたくさんいるのよ」

「こんな田舎にずっといるの？　僕だったら、すぐ死んじゃいそう」

「何、バカなこと言っているの。死ぬわけないじゃない。彼らはむしろ、元気いっぱいに生きているわ。さっき通ったアンタナナリボの都会より暮らしはずっと不便だけど、人間的に見たら、村の人達の方がずっと生きる力が強いわよ」

「確かに、歩いている人はみんな、たくましいっていうか、生き生きしているかも。でも、頭の上にあんな大きくて重そうな荷物を乗っけて、大丈夫？　頭、潰れない？」

「ひろしだったら、一瞬で首が壊れるだろうね。マダガスカル人の首って、すごく丈夫なのよ。何10キロもあるものを、ああして頭に乗っけて歩くんだけど、バランスがいいから倒れないの」

「荷物を運んでいるのは女性ばっかりだね。何で力持ちの男が持たないの？か弱い女性が持つなんて不公平だよ」

「あれがね、ひろし、ここの文化なの。男性は農業で力仕事をしたり、狩猟して動物を狩ったりする。で、女性は家を守り、モノを運搬するの。昔からずっとそうやってきたのよ」

「ふーん、そうなんだ。ところでアリス、ずっと気になっていたけど、電線がないよね？」

「あるわけないじゃない」

「じゃあ、電気は来ないの？」

「もちろん、来ないわよ」

「じゃあ、インターネットも？」

「当たり前よ、さっき言ったでしょ」

「水道は？」

「こんな田舎だもの、あるわけない」

「水はどうするの？　雨水を集めるの？」

「お水は、村でいくつか井戸を持っていて、そこから汲み上げるのよ」

「でも、電気がなかったら、火も起こせないよね？　料理はどうやってするの？」

「専用のオイルがあって、それを燃やしてランプで火を作るの」

「石器時代みたいに、コンコンやって火を起こすのかと思った」

「それは古すぎるわ。そこまでじゃないよ」

「僕から見たら、ほぼ石器時代だよ。すごく不便な生活だよね」

「あなたにはそう見えるかもしれないけど、彼らにとっては全然不便な暮らしじゃない。そこなのよ、大事なところは。わかる？」

「うん、ちょっとわかる気がする。電気も水道もないけど、日本みたいに暗い顔をしている人が全然いないもの。あと、さっきから不思議なんだけど、どこの村の子供達も僕らの車が通ると手を振ってくれるよね。何でみんな、あんなに明るくて人懐っこいんだろ？」

「それよ、1番、見せたかったのは。さっきバオバブの木のところで会った子供達と同じエネルギーを感じない？　彼らはね、自分達が貧しいとか不便とかって感覚が一切ないの。便利な世界があることを知らないっていうのもあるし、知っていたとしても、自分達の生活が1番だと思っている。自然の中で育っていると、そう思える何かがあるのよ。ひろしみたいに『自分は不幸』とか『自分はダメな人間』とか『希望がない』なんて誰1人、思っていない。だから、あんなに明るくて生き生きとしているの」

「みんな、インパクトがあって、すごいな。あの子達の顔を見ていたら、僕の学校の友達の顔なんか見たくなくなっちゃった。死んでいるのか、生きているのかすらもわかんない顔ばっかりでうんざりだよ」

「日本はそういうところなのね。でも、このマダガスカルには裕福な日本にはない、人間にとって1番大切なものがあるの。それをあなたに知ってもらいたかったんだ」

「うん、よくわかった。もう10個ぐらい村を通ったけど、どの村の子供達も、みんな楽しそうだったもん。あとさ、ジュースを売っている人達も、いっぱいいたよね？　気になるなぁ」

「あれは、自分のところで採れた果物をジュースにして売っているの。おいしそうでしょ」

「飲んでみたい。1つ、買ってもいい？」

「うん、買おう。パパ、あれ、買って」

パパに買ってもらったオレンジジュースを、3人で分け合って飲みます。

「何これ?!　こんなおいしいオレンジジュース、日本で飲んだことないよ。何が違うんだろ？　マダガスカルの太陽？　空気？　人柄？　人生で飲んだオレンジジュースの中で、いや、世界で1番、おいしい！」

「大げさね。世界中のオレンジジュースを飲んだこともないのに」

「ううん、絶対そう。だって生きる力が湧いてきたもの。僕ね、バオバブの木の精霊と話して、マダガスカルの子供達に会って、何か、変わってきた気がする。すごく感じたものがあるんだ」

最後の一口を飲み干すひろし。口の中にはオレンジの果肉の甘さがほんのり残っていました。

レムリアの使者「キツネザル」の章

「命」をいただくということ

「ひろし、今日はとっても、いい体験をしたね」

「そうだね。すごく楽しかったけど、僕、ちょっと疲れちゃったみたい」

「あと10分ぐらいで港町に着くからな。今夜はそこのホテルに泊まって、２人ともゆっくり休みなさい」

「パパ、私、ホテルでおいしいものを食べたい！　今日の余韻をゆっくり味わいたいの」

「パパは明日も運転があるから、今日はもう寝るよ。２人でおいしいものを食べておいで」

ホテルに着くと、２人はパパからお小遣いをもらって、レストランに入りました。そこは、素朴だけれど、今日1日のエネルギーを思い返すにはとってもいい雰囲気のマダガスカルらしいトロピカルな店です。

「僕、もう、くたくた。お腹もぺこぺこだよ。バオバブの木から、すっごく強烈なエネルギーを浴びたけど、自分のエネルギーとの差がありすぎて、全部吸い取られちゃったみたい」

「ひろしはおかしなことを言うね。でも、確かに、日本にいる時のひろしは、本当にちっぽけなエネルギーだったわ。私はエネルギー全開で太鼓を叩いているのに、あなたは殻に閉じこもった小鳥のようだったもの。そんなあなたが、バオバブの強いエネルギーをまともに浴びて、元気いっぱいのマダガスカルの子供達と触れ合ったら、キャパオーバーかも。疲れて当たり前ね」

「その通り。未だかつてないすごいエネルギーだったなぁ。今、体中の細胞が、栄養のつくパワフルな食べ物をめちゃめちゃ欲しているよ」

「じゃあ、どうしようか、セブ牛でも頼もうか。ひろし、メニューを見てごらん。これ、マダガスカル語で、セブ牛の串焼きって書いてあるんだよ」

「高そうな料理だね」

「ううん、高級料理じゃないよ。どちらかというと、庶民的な国民食かな。でも、私達にとってセブ牛は神様みたいな牛なの。身を削って一生懸命、重労働をして、マダガスカル人みんなの栄養や肥やしになってくれる。だからね、セブ牛は神聖な存在なの。人間に特別なエネルギーを与えてくれる存在なんだよ」

「セブ牛って、昼間、マダガスカルの人が荷車みたいなものを引かせていた牛だよね？」

「そうそう。あれだよ。すごい形をしていたでしょ。観光客の人はみんな驚くの。私達は子供の頃から見慣れているから、何とも思わないけど、あの形は特別みたいよ」

「でも、セブ牛ってちょっと怖くない？　顔が真っ黒だし、ツノも大きいじゃん。闘牛の牛みたいで、襲われたら僕なんか吹っ飛んじゃいそうだよ」

「セブ牛は素直で穏やかだから、襲ってきたりしない。怖くないよ」

「へ〜、見かけによらないね。食べちゃうのは可哀想だな」

「セブ牛達も、自分達が食べられることで、人間のためになることを喜びとしているのよ」

「そうなの？　わかった。じゃあ、セブ牛を頼もう」

「ウエイトレスさん、オーダーをお願いします」

「はい。何に致しましょうか」

「ここにいる彼、ひろしっていうんだけど、今日、日本から来たばっかりで、お腹ぺこぺこなの。だから、セブ牛の串焼きを10本、いただけますか」

「10本も食べるんですか？」

「ひろしは大食いっぽいし、私もたくさん食べるので」

「他には何かいりますか？」

「あとは、羊もおいしいんだけど、ひろし、食べる？」

「羊っておいしいの？」

「マダガスカルの羊は、すごく柔らかくておいしいよ。羊はね、無償の愛の動物で、自分達が食べられることも全部、愛として人間に捧げているんだって。だから、羊の肉を食べた人も無償の愛の力が高まるんだよ」

「じゃあ、羊も食べよう」

「羊の骨つきステーキをください。飲み物は……水でいいよね？」

「うん、僕達は未成年でお酒で祝杯ってわけにいかないからね。水で我慢するよ」

注文を終えて、一息つく2人。長かった今日1日を思い返します。

「マダガスカルに来てから、ひろしはすごく楽しそうね。なんか生きているって感じ。日本のお祭りで見た時の、死にかけた顔とは大違いよ。バオバブの生きる力を吸収したんだね」

「そうだと思うよ。今も、生きているって感じがしているもん。日本にいる時は何か食べるのも最低限、死なないために食事をするって感覚でさ。面倒くさいっていうか。無理やり生きているって感じだったんだよね」

「生きるって義務感じゃないんだよね。心から、こうしたい、ああしたいって思いで生きることが、本当は大事なんだと思うよ」

話していると、セブ牛の串焼きが運ばれて来ました。

「うわ、おいしそう！」

「さ、食べよ」

ひろしは思い切りかぶりつき、かみちぎろうとします。

「え、硬いよ、これ。セブ牛ってこんなに硬いの？　ゴムみたいだけど」

「牛さんに失礼よ。セブ牛は神様なんだから。私達、神様をいただいているのよ」

「だって硬いもん。日本の牛肉はすごく柔らかくてさ。こんな硬い牛は食べたことないよ」

「マダガスカルのセブ牛は硬いの。でも、噛み締めていると、だんだんおいしくなるから、しっかり噛んでみて」

「確かに、噛んでいると、ジューシーになってくるかも。あ、結構、いけるね、これ」

1本、2本、3本……と、あっという間に10本の串焼きを平らげてしまった2人。次にきた羊のステーキは塩とコショウだけのシンプルな味付けですが、柔らかくて食べやすく、これもすぐに食べてしまいました。「僕、今まで何も考えずにお肉を食べていたけど、今日は命をいただいているって感じがして、罪悪感ってよりは感謝する気持ちが芽生えたよ。そのせいか、さっきまであんなに疲れていたのに、もう元気になってきた。明日はどこへ行こうか？」

「そうね、今、西海岸にいるから、反対の東海岸に行こうか。かなり遠いから車だと丸1日はかかるけど、ペリネって街にね、キツネザルの保護区があるの。で、すぐそばには前に話したレミューアイランドっていう池で囲まれた島があって、そこはキツネザルの聖地って言われているのよ」「キツネザルって、どういう動物なの？」

「マダガスカルの宝物よ。私のおじいちゃんやおばあちゃんに教わったんだけど、大昔、地球ができて間もない頃、宇宙の星から人類の種となるエネルギーがやってきてね。その種が舞い降りたのが、ここマダガスカルなんだって。で、レムリアって文明が生まれ、愛と調和の世の中になり、その時に存在していた人間の大元のエネルギーが姿を変えてサルになったそうなの。そのサルがマダガスカルのキツネザルってわけ」

「どうして人間の大元がサルなんかになっちゃうの？　人間の方がずっといいじゃん」

「私もそう思ったけど、その頃、一部の人間は乱れていたんだって。レムリア自体は愛と調和の平和な文明だったけど、時間が経つにつれて、エゴと破壊に囚われた人も出てきて、争いも生まれてしまったの。そんな時、このまま人間をやっていたら、自分達も堕落すると思った人々が一旦リセットして、サルの姿になったみたい。そして、レムリアの使者として人間達に大事なことを教えようとしたらしいよ」

「へ～、面白いなぁ。キツネザルは使者なんだ。ぜひ、見に行きたいよ。でも、レミューアイランドは、ここからすごく遠いんでしょ？」

「マダガスカルは世界で４番目に大きい島だからね。西から東に移動するとなると、かなり時間がかかるから、朝早く出発しないと、明日中につかないかもしれない」

「じゃあ、今夜は早く寝ないとね」

その夜、ひろしがベッドに入ると、さっき食べたセブ牛が何頭も目の前を歩いていく光景が浮かんできました。

「食べちゃって、ごめんな。お前、見るからにおいしくなさそうで、肉も硬かったけど、アリスの言う通り噛み締めたら、おいしかったよ。僕に栄養をつけてくれてありがとう」

セブ牛に語りかけているうちに、ひろしは深い眠りに落ちていきました。

ひろしの夢

翌日は朝6時起き。昨日のレストランで朝食を食べている時に、アリスはパパに2人の計画を話しました。

「パパ、今日は東海岸に行って、ひろしにキツネザルを見せたいの。連れて行ってくれる？」

「そんな遠いところまで本当は運転したくないなぁ。でも、お前達のためなら頑張るしかないか。パパは仕事も休んでいるんだぞ」

「ごめんなさい、パパ。でも、大好き」

「すみません、お父さん。僕達のために」

「まぁ、いいってことよ。じゃあ、行こうか」

さっそく出発です。でも、ひろしは、車が走り出してすぐ眠くなり、ウトウトし始め、そのうちにいびきをかいて気持ち良さそうに爆睡してしまいました。

「パパが一生懸命、運転してくれているのに、ひろしったら、怠け者なんだから」

ちょっと頭にきたアリス。少しいたずらをしてやろうと、自分の服の生地の糸をちょっと抜き、それをくるくる巻いてひろしの鼻の下をくすぐってやりました。

「ハ、ハ、」

「もうちょっと、もうちょっと」

「ハ、ハ、ハックショーン！」

ひろしがくしゃみをした瞬間、鼻水と唾がアリスの顔に飛んできました。

「汚い〜、もう最悪！ 起きてよ！」

怒って、ひろしの頭をパチーンと叩くアリス。

「な、なに？ なに？」

「もう、あなた、パパが一生懸命運転しているのに、寝ちゃ駄目じゃない。頭にきて鼻をちょこちょこしたら、くしゃみで私の顔に唾と鼻水が飛んできたのよ。ひどいわ」

「え、あ、ごめん、つい寝ちゃって。あと、どれくらいかかるのかな？」

「パパ、あと、どれくらい？」

「まだ2時間ぐらいしか走ってないからな。あと12時間ぐらいはかかるよ」

「そんなに？　今日1日で、一気に行っちゃうんですか？」

「うーん、一気には無理かもな。遅くなったら、どっかでまた安いホテルを見つけて、泊まればいいさ」

1日中、走りましたが、その日は結局、ペリネ保護区の手前の街でホテルに泊まることにしました。長旅で3人ともグッタリです。あまりにも疲れていたので食欲もなく、夜は通りがかりの売店で買ったソーセージとパンのセットですませ、すぐに寝てしまいました。

そして翌日。早起きのパパが2人を起こします。

「おい、2人とも、もう7時だぞ。疲れていると思って寝かしといたけど、もう出ないと間に合わないぞ」

慌てて身支度を整え、ホテルで軽い朝食を取り、7時半には出発しました。

「リネまで3時間ぐらいだから、あとひと踏ん張りだ」

「わかりました」

「ありがとう、パパ」

「さぁ、もうすぐ着くぞ。2人ともよく頑張ったな」

「パパこそ、本当にありがとう！　パパはやっぱりすごいってわかったよ。お疲れさま」

「ありがとうございます」

「この貸しはでかいぞー。アリスが大人になったら、たっぷり返してもらわないとな」

「えー、何を返せばいい？」

「そうだな、ゆっくり考えておくよ。さぁ、ペリネ保護区に着くぞ。そこからレミューアイランドまでは、小舟に乗って行くんだ。ところで、ひろしくんは、ここのキツネザル達がレムリアっていう文明の使者だって話は、アリスから聞いているかい？」

「はい、乱れた世の中をリセットするため、人間達がサルの姿になったたって。あと、レムリアが愛と調和の世の中を築いた文明だったたってことも」

「その通りだ。そして、もう1つ大事なことがある。レムリアの愛と調和を象徴するキツネザルが持っていて、人間が持っていないエネルギーは何だと思う？」

「何だろう？　木に登れることですか？」

「ははは、ま、それも間違いじゃないけど、彼らが持っているのは個性。いわゆる〝個〟という能力なんだ。マダガスカルのキツネザルは1種類じゃない。たくさんの固有種がいて、同じ場所に暮らしているけど、どのサルも喧嘩をしないし、互いに溶け合っている。これを融合と言うんだ。個の独立と融合がレムリアの典型的なエネルギーで、それをお前達が学んでくれるといいなって、パパは思うよ」

「パパ、いいこと言うね。さすが。私もずっと同じことを思ってた」

「本当かい？」

「うん。だって、おじいちゃんとおばあちゃんも、そう言ってたもん」

「そうか、お前に教えてくれていたか。個の独立と強化は、今の人間がもっともできていないことだからな」

「だから、ひろしにもキツネザルの姿を見せたかったの。まったくバラバラの種類と個体なのに、争わず、同じところで溶け合って生きている。これはとっても大事なことでしょ。でも、私、東京にいた時、日本人は同じような人ばっかりだなって感じたの。同じような服を着て、同じ表情で、同じ方向に向かって、同じリズムで歩いている。そんなのマダガスカルじゃあり得ないよ。あんなに人が大勢いるのに、全員、記号みたいで個性がまったくないなって思っちゃった。ひろしも、初めてお祭りで会った時、そんな風だったよね。〝個〟の輝きがないっていうか、幽霊みたいで消えちゃいそうだったよ」

「そんなこと言わないでよ。本当のことだけどさ。だって、日本の教育がどんなのか知ってる？　みんな同じになれって教えられるんだよ。周りと違うことをすると先生に怒られるし、同じようにできないと劣等生にされちゃう。自分の好きなことなんてできなくて、評価もされないんだ」

「私も、短い間だけど、体験学習で日本の中学校に行ったから、わかるよ。とにかく目立っちゃいけないって雰囲気で、ちょっと異様だった」

「マダガスカルの学校は違うの？」

「全然違うよ。マダガスカルの学校は、先生がそれぞれの個性と能力をすごく重視して、大切にしてくれるの。でも、日本の先生は、『人と違うことをやってはいけません、みんな同じにしないと、クラスがまとまりません』って言うでしょ。それを聞いてびっくりしちゃった。だって、私、マダガスカルでは学校の先生だけじゃなく、パパやママ、おじいちゃん、おばあちゃんからも、『人と同じことをやれ』なんて教わったことなかったもの」

「じゃあ、なんて教わるの？」「自分の得意なことをどんどんやりなさいって。不得意なことは無理に頑張らなくていいから、得意なことを一生懸命やりなさいって教わってきたの。だから、マダガスカルの人達は、人と比べることがないし、競争もしない。日本人は人と比べるから、争いが起きるんじゃない?」

「そうだと思う。誰それより自分は劣っているとか、誰々より自分は下だとか上だとかさ。そんなことばっかり、みんな気にしているよ」

「いじめが起きるのも、そのせいだね。マダガスカルの学校は、いじめはほとんどないんだよ。小さなケンカぐらいはするけど、すぐ仲直りするしね」

「僕、そんなこと何も知らずに、日本の学校が当たり前だと思ってたよ。先生が言うように、みんな同じ人間になるべきで、変わったことや好きなことを自由にやったら、ダメだってずっと思い込んでいた。そのせいで、僕はどんどんやる気がなくなって、楽しいことなんて1つもなくて、毎日、生きるのが辛かったんだと思う。でも、実は僕、やりたいなって思っていることがあるんだ。これを言ったら、親に叱られるから、誰にも話したことがないんだけど……」

「そうなの? 本当は何がやりたいの?」

「笑わない?」

「バカね、笑うわけないでしょ」

「……僕ね、宇宙に興味があって、宇宙のことを勉強したいんだ。星のこととか、宇宙の世界はどうなっているのかとか、すごく知りたい。できたら宇宙飛行士になるのが夢で、もちろん簡単になれるものじゃないけど、なれたらいいなって。でも、こんな夢、親や先生は無理だって言うだろうし、友達だってバカにするから、絶対、言わなかったんだ」

「すごいじゃない、ひろし！　そんな夢を持っているなんて見直した。絶対、できるわよ。だって、マダガスカルですごく学んでいるし、エネルギーもびっくりするぐらい、どんどん吸収してるもの。あなたならできる。宇宙の勉強をして、宇宙飛行士になればいい」

「大丈夫かな。できるかな」

「大丈夫。そうだよね、パパ」

「うん、パパも、今のひろしくんならできると思うよ」

「2人にそう言われたら、なれる気がしてワクワクしてきた！　僕、早くキツネザルに会いたいな。日本では体験できない、まったく違うエネルギーに触れることができるんでしょ？」

「そうよ。日本で押し込められてきたひろしに1番必要なこと。生きるために本当は何が大事なのか、キツネザル達が教えてくれるからね」

「楽しみだなぁ」

レムリアの大合唱

3人は、レミューアイランドへ入ってきました。そこは、キツネザル達が天国のように暮らしている場所です。

「ほら、いっぱい、いるだろう。ひろしくん、あの木の上を見てごらん。あれは、シロクロエリマキキツネザルっていうんだよ」

「うわ、面白い！　パンダみたいに白黒だ」

「あっちにいるのはワオキツネザル。尻尾の縞々（しましま）が可愛いでしょ」

「木の枝に尻尾を引っ掛けて、くるくる回ってるだろ。ひろしくん、あれはね、僕達に『自分はすごいんだぞ』ってところを見せつけているんだよ」

「あんなに回ってよく落ちないなぁ」

「サルが木から落ちたら、困るでしょ。彼らは楽しんでいるの。自分達だけじゃなく、人間も楽しませようとしているのよ」

「僕、ニホンザルを見に行ったことがあるけど、じっとしているか毛づくろいしているだけで、全然寄ってこなかったよ。でも、こっちが食べ物を持っていると、いきなりすんごい勢いで奪っていってめちゃくちゃ怖いんだ。たまに威嚇とかもしてくるし、生きるために必死って感じ。でも、こっちのサルは陽気でフレンドリーだね。日本のサルより、ずっといいや」

「そりゃ、そうよ。エネルギーが全然違うもの。ここのサルはレムリアのエネルギーだからね。みんな、それぞれの個性と能力を持って生きているの。ほら、あっちにいるキツネザルも、まったく別の種類でしょ」

「うん、全然違う。顔も色も大きさも」

「この島には何10種類っていうキツネザルがいてね、それぞれ性質は違うけど、彼らはレムリアの愛と調和のエネルギーを持っているから、みんな仲良くやっているの。ひろし、何か感じる？」

「うん、なんだろう、これ。僕が知っている世界じゃないみたい。すごく優しくて、すごく軽いエネルギーを感じるんだけど」

「日本では感じたことがないエネルギーじゃない？」

「うん。僕ね、日本では家や学校にいると、いつもどんより重くて冷たいものを感じていたんだ。でも、ここはすごくあったかい。気温が暖かいっていうより、心に温かいものが入ってくる感じがする。サル達も自然に寄ってきて、いろんな表情や芸を見せてくれるし、本当に楽園だね。レムリアの島、レミューアイランドって意味がすごくわかったよ」

「そう、楽園。マダガスカルの中でも特にレムリアのエネルギーが高い場所で、愛と調和、個の独立と融合のエネルギーに溢れた島なのよ。ここが、あなたの学校だと想像してみて。みんなで授業を聞いているけど、あるサルは寝ているし、あるサルは遊んでいて、何か食べているサルもいる。みんなそれぞれ好きなことをやっていて、誰もそれを邪魔していない。お互いに敬意を持って、認め合っているの。なぜ、そうできるかっていうと、自分のことも相手のことも、あるがまま受け入れているから。まさにレムリアの愛と調和のエネルギーで、これを今日、あなたに感じて欲しかったのよ」

「すごく気持ちのいい世界だね。僕、1つだけ得意なことがあるんだけど、ここで、やってもいい？」

「ひろしにも得意なことがあったの？　びっくり」
「ひどいなぁ。僕に得意なことがあったら、びっくりなんて。アリスって、結構、口が悪いよね」
「ごめん、ごめん。何が得意なの？」
「口笛。僕、寂しくなると、1人でよく口笛を吹いていたんだ。家のお風呂とかで吹くと親にやめなさいって叱られちゃうから、校庭の裏とか、誰もいないところで吹くの。そうすると心が落ち着いて、平和な気持ちになるんだ。ここにいる、サル達にも口笛を吹いてみたいな」

「いいね。吹いてみてよ。喜ぶんじゃない？」

「じゃあ、吹くよ」


ピー、ピー、ピー、ピッピッピー。

澄んだ音が響きます。


「あ、サル達が寄ってきたよ！　見てみて、どんどん集まってきて、ひろしの周りがサルだらけになってる！」

「本当だ、すごいな」

「みんな、あなたを見ているわ。もっと吹いてみて」

ピー、ピー、ピー、ピー。

すると、集まっていたサルの中の1匹が、口笛に合わせて「キーン、キン、キン」と鳴き出しました。さらに、その鳴き声につられて、他のサル達、いろんな種類のサルが「キッ、キッ、キッ」といっせいに鳴き出し、止まらなくなります。そのまま、口笛と鳴き声の大合唱が起こり、3分ぐらい続きました。

それはレムリアの愛と調和のシンフォニー。自分の「個」の能力を口笛で表現したひろしに感動したサル達が、その個性を受け入れたのです。

「僕、嬉しくて、泣けてきた。どうしよう、涙が止まらないよ。生まれて初めて受け入れてもらった気がする。親も学校の先生も友達も、誰も、僕のことを認めてくれないし、受け入れてくれない。いつものけ者で、いつも『お前はダメだ』って言われてきたからさ。でも、ここのサル達はみんな、僕の口笛を喜んでくれた。今度は、ありがとうって気持ちで吹いてみるよ」


ピー、ピー、ピー、キッ、キッ、キッ。


ひろしの気持ちに応えるようにサル達がまた鳴き出し、大合唱は続きます。

「すごい！　感動しちゃった。ね、パパ」

「レミューアイランドには何度も来ているけど、パパも、こんなのは初めてだよ。すごいな、ひろしくんは」

「なんかわかんないけど、僕、どうしちゃったんだろう？」

「あなた、すごい能力があるじゃない。サル達を呼び寄せて、合唱させて、喜びと感動で包んでいる。こんなことができるなら、何でもできるわ。日本へ帰っても、家族や学校の友達を喜ばせて感動させることができるって」

「そうかな」

「だって、その力があるって、今、わかったじゃないの！」

興奮が止まらないアリス。それを見ていたガイドさんが、３人のそばにきて話しかけてきました。

「私も、長年、ここでガイドをやっていて、こんな光景は見たことがありません。サル達が１箇所に集まって、大合唱する姿なんて初めてです。レムリアの奇跡が起こったんですね」

その言葉を聞いて、また涙が止まらなくなるひろし。彼は、とても大事なことに気づいたのです。

「僕ね、ずっと自分を隠そう隠そうとしてきたんだ。隠しておかないと、何もできない、何も持っていない本当の自分がみんなにバレてしまうから。そしたら、親も友達も先生も、もっと僕のことなんて相手にしなくなる。誰からも見向きもされなくなるのが怖くて仕方なかったんだ」

「わかるわ。日本にいた時のあなたは自分の周りに壁を作って、じっとそこに閉じこもっていたもの」

「でも、自分を隠すことなんてないんだね。自分のやりたいこと、好きなことを誰の目も気にせず自由にやればいい。だって、僕を受け入れてくれる存在はいつだって目の前にあるから。ほんのちょっと勇気を出して、心を開けば、僕はその存在に気づける。今、それがわかったよ」

「そうよ、ひろし。あなたはあなたのままでいるだけで、すでに受け入れられているの。それをサル達が教えてくれたのよ」

人生は、こんなに素晴らしいんだ。

ひろしは、キツネザルのエネルギーを受けて、自分の中に希望の光が湧き上がってくるのを感じます。その光は包み込むように優しく、でも、全身を貫くほどの強い閃光(せん)でした。

「**僕らにはハーモニーがあるんだ**」


その時です。ひろしの肩に、さっき見た尻尾が縞々のワオキツネザルが1匹、突然、跳び乗ってきました。

「うわ、びっくりした！　サルがいきなり乗ってきたよ」

「本当だ、このサル、ひろしのことがとっても好きみたい。エネルギーがどんどん上がっているあなたを見て、触れ合いたいと思ったのよ。話しかけてみたら？」

「そうだね、言葉はわからなくても、こっちの気持ちは通じるかも。もしもし、君の名前は何て言うの？」

「**キキキ、僕の名前はペペ。さっき木の上でくるくる回っていたのは僕だよ**」

「ふーん、あれは君だったんだ……。って、あれ？　僕、このサルの声が聞こえる。言葉がわかるよ、どういうこと？！」

「だから、言ったじゃない。あなたがキツネザル達のエネルギーを受け入れたのが彼らにはわかるの。あなたの松果体とキツネザルの松果体が共鳴しあって、種を超え、言葉という枠も超えて、魂同士がコミュニケーションできているってことよ」

「そうなんだ、嬉しいな。アリスにも聞こえる？」

「私にはキキキって鳴き声にしか聞こえない。あなただけが、このサルと共鳴しているからよ。いろいろ聞いてみたら？」

「まず、自己紹介するよ、ぺぺ、こんにちは。僕はひろし」

「知っているよ。君達の話を聞いていたからね。ようこそ、ひろし」

「あ、ありがとう」

「僕に、何か聞きたいことはある？」

「えっと、僕達人間と、君達マダガスカルのキツネザルの1番の違いは何？」

「あのね、まずレミューアイランドにいる僕らキツネザルは、地球の他のサル達にはない、僕達だけのすごい特徴を持っているんだ」

「それは何？」

「愛と調和」

「アリスとアリスのパパも『愛と調和』って言っているけど、正直、抽象的な言葉で僕にはよくわからない。まだ中学生で経験も少ないし。ぺぺ、もうちょっとわかりやすく教えてくれない？」

「じゃあ、人間社会を例にとって説明してみるね。ひろしが〝愛〟と思うのは、どんな愛？」

「親子愛とか兄弟愛とか、あとは恋愛とか？」

「そうだよね。人間は愛という言葉を考えた時、親や子への愛とか、異性への愛を思い浮かべるよね。でも、そういう愛はね、全部、自分ではない他者に向けられた愛なんだ。自分以外の誰かのために存在してあげたいとか、自分以外の誰かに認めてもらいたいとか。つまり、ベクトルは常に外に向いているってこと」

「それじゃ、ダメなの？」

「ダメじゃないよ。ダメじゃないけど、外に向かう愛は満たされることがなく、自分自身を苦しめてしまうんだ。なぜかというと、常に求める愛だから。誰かを愛すれば『自分の愛を受け止めろ』って求めるし、受け止めてもらったら今度は『もっと愛されたい』『もっと自分を愛せ』って欲するようになる。で、それが足りないと『愛を返せ』ってなる。そうやって延々と求め続けてしまうんだ」

「ぺぺ達の愛は違うの？」

「僕達の愛は、いつも自分から自分に向いている。だから、僕らはみんな、誰よりも自分のことが大好きで、めちゃくちゃ愛しているんだ」

「えー、自分が大好きなんて、ナルシストっぽいよ」

「それは、人間社会でいう〝自分大好き〟のことだよね。僕らの愛はそれとは、全然違うんだ。僕らが、自分を愛しているっていうのは、自分をあるがまま受け入れているってこと。自分に欠けているものなんてないと知っていて、それぞれが自分の個性と能力に満足し、とても大切にしている。だから、喧嘩にもならないんだ

よ」

「個性を大切にするってことは、みんなバラバラで違うってことでしょ？それなのに何で喧嘩にならないの？」

「今、言ったでしょ、自分のことを大好きだからだよ！　自分を心から愛していると、それだけで充分、満たされてしまうんだ。だから、『もっと自分を認めろ』とか『自分だけを愛せ』とか、足りないものを外に求めないし、争いも起こらないんだ」

「人間とは違うね」

「そうだよ。僕らは、人間みたいに、誰のものも求めないし、奪わない。そうする必要がないからね。これが僕達の特徴の1つ。そして、レムリアの愛というものなんだ」

「確かに、人間は求めてばっかりだよ。僕自身、親の愛が足りないって、ずっと思ってた。僕のことなんて愛してないんだなって感じていて、すごく悲しかったんだ。でも、愛ってそういうものじゃないんだね」

「そうだよ、ひろし。親が君に向ける愛も君が親に求める愛も、愛の本質ではない。本当の愛は、常に自分から自分に向かうもので、自分を無条件で愛することなんだ。ひろし、君は自分のことを愛している？　自分のことを好き？」

「僕は、自分なんて大嫌いだよ」

「だと思った。ひろしは自分のことを愛していないよね。それじゃ、レムリアの世界には住めないよ。だって、レムリアに住んでいるサルの中に、『自分のことが大嫌い』なんてサルは1匹もいないもの」

「僕は、受け入れてもらえないってこと？」

「そうじゃない。自分を愛せない君自身が、レムリアの愛から遠ざかっているんだ。でも、マダガスカルに来てから、どんどん変わってきたよね。今、自分を大嫌いって言ったけど、ひょっとしたら、『ちょっとは認めてやってもいいかも』って、自分のことを好きになり始めているんじゃない？」

「そうかも。マダガスカルに来てから、バオバブの木の精霊と繋がって、今度はぺぺとこうして話ができて、僕も捨てたもんじゃないっていうか。少しはいいところがあるんじゃないかなって思い始めている。それが何なのか、まだ具体的にわからないけど」

「それだよ、ひろし。それが愛の本質、本当の愛へ向かう第1歩。そこへ向かい始めたら、もう大丈夫。あとね、もう1つ、大事なことがあるんだ」

「何？」

「僕ら、レムリアのサルが持っていて、他のサルが持っていないもの。それは調和だよ。調和は英語にするとハーモニー。僕らにはハーモニーがあるんだ」

「もしかして、僕の口笛と大合唱したのも、それ？」

「そう。僕らは、誰かが何かの音色、波動を発すると、それに共鳴する能力がものすごく高いんだ。ひろしが口笛を吹いたように、1匹のサルが何か音を発すればいっせいにみんなで共鳴し、ハーモニーを奏でる。1匹1匹、それぞれが違う波長、違う振動数を持っているけど、そこに、良い悪いも優劣もない。どれも素晴らしいから、誰かが鳴くと、すぐに同調して、同じように歌っちゃうし、声を上げちゃうんだ」

「すごいな。楽しそうだね」

「楽しいよ。それに、調和を作り出すのは声や音だけじゃない。僕らはみんな自分のことが大好きだって、さっき言ったよね？」

「うん、自分から自分に向かうのが愛の本質だって」

「そう。自分に愛が向いている僕らは、自分自身が常に愛で満たされているから、自分を受け入れない相手に対しても心を開いていける。心を開くっていうのは愛のお裾分けをするってことで、その愛のエネルギーも調和、ハーモニーなんだよ。だからね、僕らは自分と違う種類のサルとも愛を与え合い、仲良くなって融合していけるんだ」

「そんな世界で僕も暮らしたい。ここに来たら、またペペに会える？　僕と話してくれる？」

「もちろんだよ。いつでもおいで。ひろしが口笛を吹いたら、僕はすぐに来る。待っているよ」

ペペは、ひろしの肩から木の上に戻り、尻尾をくるくる回しながら去って行きました。

「ひろし、何を話していたの？　私にはサルの声がキーキーキーって聞こえるだけで、さっぱりわからなかったけど」

「ハーモニーの話。素晴らしい話だったよ」

「それは、顔を見ればわかるわ。あなた、ずっと楽しそうだったもの。今も、目が生き生きしているし、サルと話せる能力があるなんてすごいじゃない。ちょっと尊敬しちゃった」

「うん、僕もすごいと思う」

「あれ、さっきまで私やパパがひろしを『すごいね』って言っても、必ず『そうかな？』って言って認めなかったのに、やけに素直じゃない？」

「だって、本当に僕はすごいなって思ったんだもん。認めちゃダメ？」

「ううん、全然ダメじゃない」

「僕、自分を少し好きになってきた。そしたらね、なんか、すごく気分がいいんだ」

ちょっと誇らしげなひろし。その横顔を、アリスは驚きながらも嬉しそうに見つめていました。

最高波動「カメレオン」の章

パパの特技

「次はね、ひろし、あなたにカメレオンと触れ合ってもらおうかなって思っているの。カメレオンに触ったことないでしょ?」

「ないよ。だって、カメレオンってトカゲみたいで、目がギョロギョロして、舌をペロッと出すやつでしょ?」

「そうそう、それそれ。興味ある?」

「興味あるけど……ちょっと怖いな。襲ってこない? 噛み付いたりしない?」

「そんなことしないよ。おとなしいから、何もしない。じっとしているだけだから、安心して」

「だったら、見てみたい。ていうか、触れ合ってみたい」

「じゃあ、すぐ出発しよ。パパ、運転、よろしくね」

「わかった、わかった、しょうがないなぁ。でも、ちょっと遠いから、近くのホテルでまた1泊して行こう」

「今晩は何を食べようかなぁ」

「そういえば、キツネザル達はフルーツをよく食べていたな。ひろしくん、マダガスカルのバナナは小さいけど、すごく甘くておいしいんだよ」

「僕、食べたことないから、食べてみたいです」

「じゃあさ、今晩は夕食をフルーツにしない？」

「うん、たまには果物づくしもいいな」

「ひろしはどう？」

「うん、いいよ。たくさん食べたい」

「決まり！　バナナの他にも、いっぱいおいしいフルーツがあるからね」

その日のディナーは全部フルーツです。バナナにぶどう、キウイ、イチゴ、オレンジ……と、山盛りの果物をどっさり食べて、キツネザルになったような気分になり、３人ともとってもハッピーでした。

そして翌日。

「さぁ、今日もパパは運転を頑張るからな。２人も、ロングドライブになるけど頑張るんだぞ」

「ひろし、今日はこれから、レッドツィンギーに向かうんだよ」

「レッドツィンギー？」

「マダガスカルの北部にある場所でね。名前の通り赤い土の岩が削られた風景が広がっていて、〝赤い針の山〟って言われているの。見たらびっくりするよ」

「針の山って、すごそうだなぁ」

「ひろしくん、そこに行くまでの道のりはすごいデコボコ道になるけど、野生のカメレオンに出会えるんだ。車の窓から、木の上にいるカメレオンが見られるぞ」

「ひろし、パパはね、車で走りながら木にいるカメレオンを見つけるのが、すごく得意なの。私が小さい時から一緒にドライブしていると、パッと見つけちゃう。しかも、車の速度が50キロとか60キロとか70キロとか、たまに80キロとか出していても、見つけちゃうの。すごくない？」

「うん、すごい。すごすぎる」

「私も、カメレオンを必死に探すけど、パパみたいには見つけられない」

「そりゃ、パパの特技だからさ。まだまだアリスには無理だよ。さ、出発しよう」

レッドツィンギーまでは長旅です。丸1日走りましたが、まだ着きません。その日は近くの街で泊まりました。夕食をパスタで軽くすませ、早めにベッドへ。ひろしは、明日、カメレオンに会える期待で興奮していましたが、やはり疲れていたのでしょう。目を閉じると、気を失ったように朝までぐっすり眠ってしまいました。

翌朝、早起きのパパが、相変わらず寝坊助の2人を起こし、出発の準備をします。

「さあ、レッドツィンギーはもうすぐだ。途中でカメレオンがいるところを走るから、2人ともよく見ておくんだぞ。ただ、今日は昨日走っていた道と違ってガタガタした道が多いから、覚悟して乗っていてくれよ。ひろしくんが居眠りできないほど、激しいからな」

「すみません、いつも寝ちゃって」

「今日は寝たくても、寝られないわよ、ひろし」

1時間ぐらい走ると、舗装された道から砂だらけのデコボコ道に変わり、ドコッ、ドコッ、ドコッと車が揺れます。ひろしは車が壊れないか心配になりますが、パパもアリスもこういう道を走るのは慣れているのか、まったく気にしていないようです。

また、道路には中央線がないので対向車が来ると、正面衝突しそうになり、ひろしはヒヤヒヤして生きた心地がしません。昨日までは車に乗ると、すぐ眠たくなっていたのですが、今日はさすがにウトウトすることもなく、目をぱっちり開けて、外の風景をずっと眺めていました。

「いたぞ」

突然、パパが言いました。

「何がいたんですか？」

「カメレオンだよ」

「本当ですか？　こんなスピードで走っているのに見えるんですか？」

「さっき、パパはすごいって言ったでしょ。本当に私のパパはすごい目を持っているんだから」

「ちょっと車を停めるぞ。カメレオンを見てみよう」

路肩に車を寄せて停まります。

「パパ、どこにカメレオンはいるの？」

「落ち着きなさい。静かに車から降りるんだぞ。カメレオンはあまり騒がしくすると奥に入ってしまうから、そっと、そ〜っとだぞ」

道路の脇には高さ2メートルくらいの木がたくさん生えています。パパはその中の1本に近づいていきました。

「この木にいるよ」

ひろしも近づき、上から下まで、かなり注意しながら観察しましたが、まったくわかりません。

「あの、どこにいるんですか？　全然、見つからないけど」

「そりゃ、そうだよ。カメレオンはね、環境に合わせて体の色を変化させて、適応するから、パッと見じゃわからない。ほら、ここにいる」

そう言ってパパが指差したところに、15～20センチメートルぐらいの、ちょっと小ぶりな薄緑色のカメレオンがいました。

「うわ、いた！　木の葉と一体化して、全然わかんないや」

「薄緑色になっているからね。これは、木の葉の色に似せているの。でも、今は薄緑色だけど、赤い葉っぱがあるところでは赤に変わるし、青いところなら青、茶色なら茶、オレンジのところではオレンジ、黄色なら黄色って、変幻自在に変わっていくんだよ」

「そんなにいっぱい色を持っているの？」

「世界、ううん、宇宙で1番、カラフルな生き物かもしれない」

「すごいねぇ、カメレオンって。不思議だなぁ。でも、何でこんなにじっと動かないの？」

「彼らは余分なエネルギーを一切、使わないの。人間はいつも慌てふためいて、焦って、余計なエネルギーを使って動き回っているけど、カメレオンは必要な時に、必要な分しか動かないのよ」

「ふーん、でも、こんなに動かないで大丈夫かな？　いつ敵が襲ってくるかわからないのに怖くないのかな」

「ひろし、人間とカメレオンの違いはそこよ。人間はいつも不安と恐怖があるから、じっとしていられないの。でも、カメレオンにはそれがまったくない。だから、じっと動じないでいられるのよ」

「不安と恐怖がないなんて、生き物として有りえるのかな」

「ひろし、カメレオンをただの虫類だと思っていない？」

「違うの？」

「彼らは、自分に対してプライドを持っていて、自分の存在価値や意味を充分わかっているのよ。キツネザルと同じように、自分への愛情が溢れていて、自分を大切にできている。そういう存在でいると、自分を偽る必要がなくなるから、自分を良く見せようと思うこともない。あるがままの自分として存在し、いつも宇宙と繋がっていられるの。だから不安や恐怖がないのよ」

「カメレオンって、そんなにすごい生き物なんだ。体の色を変えるっていうのも、すごい能力だしさ。どんな体の仕組みになっているんだろ?」

「カメレオンはね、色もそうだけど、天候に対しても適応できるのよ。環境に逆らわず、すべてを受け入れ、それに合わせて自分のエネルギーを自由自在に変化させられる生き物なの」

「神秘的だなぁ。僕、感動しちゃった」

「私も、彼らを見ていると、いつも感動するよ」

「あ、アリス、あと、僕、すごいことを発見しちゃった! このカメレオンの目を見て。右目と左目の動きが違うよ。人間とか他の動物は、両目が同じ方向に動くよね? でも、カメレオンは、右目は上を向いているのに、左目は下を向いている。

これ、病気なんじゃないの？」

「カメレオンはそれが正常なのよ。何でか知っている？」

「何で？　目が分裂しているの？」

「あのね、右目を支配しているのが左脳、左目を支配しているのが右脳でしょ。そこまではわかる？」

「うん、わかる」

「で、人間はね、右脳と左脳がつながっていて影響し合うから、両目も一緒に動くわけ。でも、カメレオンは、脳が左右で分離していて、それぞれ独立して働いているの。だから、右目と左目が別々に動くのよ」

「へ〜、すごく進化した生き物って感じがする」

「そう。カメレオンは人間よりずっと進化した存在で、人間よりもずっと、次元の高いエネルギーを持っているのよ」

アリスとひろしが話している間も、微動だにしないカメレオン。そんな姿を見て、ひろしはますます、カメレオンが神秘的な存在に思えてきました。

未知との遭遇

「ね、アリス、僕、このカメレオンに触ってみたいなって、今ふと思ったんだけど、無理かな、逃げちゃうかな」

「大丈夫だよ。パパ、ひろしの手にカメレオンを乗せてあげて」

「え、いきなり手に乗せるの？　それはちょっと……」

「相変わらず、弱虫ね、ひろしは」

「カメレオンはおとなしいから、怖がる必要はないよ」

パパがそっと掴んでも、カメレオンはまったく動きません。ひろしの手の平に乗せましたが、やはり、そのままじっとしています。

「あれ？　逃げないね。何でだろう？」

「ひろしくん、彼らはね、相手の心を読むのが得意なんだ。危害を加えようとする人間はすぐわかるから逃げてしまうけど、そうじゃない僕達みたいな人間は怖が

らない。むしろ、彼らの方もフレンドリーに接してくれるんだよ」

それをじっと観察するひろし。カメレオンは相変わらずじっとしています。

「なんか可愛い！　すごく可愛いね。でも、油断させて、いきなり噛み付いたりしない？」

「ひろしって本当に臆病ね。そんなことしないわよ。彼らは穏やかで平和な動物だから、攻撃してこないの」

「ふーん、カメレオンっておとなしいんだね。でも、見て、目だけぐるぐる動かしている。見れば見るほど、面白いなぁ」

「ひろしくん、面白いのはそれだけじゃないんだぞ。彼らは舌が身体の3倍くらい長いんだ。このカメレオンは大体、体長が15センチメートルぐらいだから、舌は45センチメートルぐらいまで伸びるんじゃないかな」

「しかも、彼らの捕獲能力はすごいのよ。まず、絶対にミスらない。コオロギとかバッタとか、生きている虫を食べるんだけど、獲物を見ていないようでちゃんと見ていてね。目が360度ぐるっと回るから、何でも見つけちゃうの。でも、見つけても、そこで人間みたいに興奮して、攻撃態勢に入ったりしない。どんな時も冷静で、自分の行動を変えず、獲物に近づいたりもしないの」

「人間や他の肉食動物は捕獲しようとする時、少しずつ近寄って一気に襲いかかるだろ？　カメレオンは、そんなことしない。じっとして動かないまま、いきなり長い舌でパクッと捕えちゃうんだ」

「凄腕のハンターみたいだなぁ」

「私ね、カメレオンの捕獲シーンを1回だけ見たことがあるの。これって、すごく貴重なのよ。日本にいるひろしは、それこそインターネットとかで見られるだろうけど、こっちではほとんどの人はそんなもの見ていないから、よっぽど運が良くないと、そんな場面に遭遇しないのよ」

「どんな風に獲物を捕るの？」

「舌をピュッと出して、クッと巻いて、パッと口に入れちゃう」

「ピュッ、クッ、パッ、だね」

「そうそう（笑）。いつも、こんなにじっとしているのにすごい早技で、その瞬間のエネルギーがすごいの。普段はエネルギーのスイッチをオフにしているけど、必要な時だけオンにして、またオフになる。それがカメレオンなのよ」

「そこも人間と違うね。人間は何かをゲットしようとすると、エネルギーをずっとオンにしたままにするじゃん？　カメレオンは一瞬だけしか、エネルギーを使わないんだ」

「そう。すごく省エネなの。余計なエネルギーを一切、使わないから、獲物を捕る瞬間、全集中してすべてのエネルギーを注げるわけ。人間は、あーでもない、こうでもないって、四六時中、思考を巡らせて、余計なことを心配して、無駄な努力をしているでしょ。だから、いざって時に力を発揮できないの。そこがカメレオンとの絶対的な違いね」

「尊敬しちゃうなぁ。見え方が全然違ってきて、怖くなってきたよ。ちょっとだけ、触っても大丈夫かな」

「触ってごらん」

怖々と、でも、優しくカメレオンの表面を撫でるひろし。

「え、もっとヌルヌルしているか、ゴツゴツしているのかと思ったら、すごくスベスベして触り心地がいい！　僕、一気にカメレオンのファンになっちゃった」

「そうでしょう。私も、カメレオン大好き。彼らは、人間以上に高い能力を持っているから、人間が学ぶべきことがいっぱいあるんだよ」

「僕も、カメレオンを見ていたら、自分もこうならなきゃいけないなって思えてきた」

「そうだよ、カメレオンから教わることはいっぱいある。私はね、カメレオンって地球上で1番、エネルギーが高い生き物だと思うの」

「それってイルカじゃないの？　僕は、イルカがもっともエネルギーの高い生き物だと思っていたけど。イルカセラピーっていうのもあって、イルカと一緒に戯れたり、交流するだけで、子供の自閉症とかＡＤＨＤとか大人のうつ病が良くなるって、テレビで見たよ」

「ひろしの言う通り、イルカもすごくエネルギーが高いよ。でもね、カメレオンはそれ以上じゃないかな」

「それ、マダガスカルに来て、1番びっくりしたことかも。バオバブの木もすごかった、キツネザルもすごかった。でも、カメレオンはさらに超越しているんだね」

カメレオンの贈り物

「ひろしは、バオバブの木やキツネザルと話したじゃない？　カメレオンとも話ができるんじゃないかな」

「実は僕もそう思っていたんだ。カメレオンとも話してみたい。話せる気がするんだけど」

「今のあなたなら、絶対できるよ。日本にいた時のひろしのままだったら、カメレオンはあなたを嫌っていたと思う。でも、マダガスカルに来てから、別人のように変わろうとしているじゃない？ そんなひろしから、いいエネルギーを感じて、だから、こうして逃げもせず、手の平に乗っているんじゃないかな。少しでも悪いものを感じたら、さっさとどっかに行っているはずよ」

「そうだよね。じゃあ、僕、トライしてみる」

ひろしは、カメレオンの頭をポンポンと撫でて、語りかけてみました。

「カメレオンくん、こんにちは。僕は日本から来たひろしと言います。君に会えて、とっても興奮して、とってもハッピーです。君みたいな生き方ができたらいいなって思っているんだけど、どうしたらいいか秘訣(けつ)を教えてください」

そう言って、もう1度、優しく頭を撫でました。

「ブツブツブツブツブツ」

「あれ、なんか言ってる？」

「よく来たな、ひろし。僕はカメレオンのビーズだよ」

「喋った！　名前はビーズだって！」

「ひろし、あなた、やっぱりすごいわ！」

「君はビーズっていうんだ。かっこいい名前だね」

「ありがとう。僕はオスのカメレオンなんだ。でも、オスっていっても、僕らは人間みたいに男とか女とか性別を気にしない。結構、中性なんだよね。もちろん、子供を作るための交尾はするけど、『じゃあ、子供でも作りますか』『そうだね』って、柔らかく交流するだけなんだよ。だからね、人間のように慌ただしくないんだ」

「ふーん、そこらへんのことは僕はまだよくわかんないけど、すごく穏やかってことだよね」

「そうそう。ところで、ひろしの質問は何だっけ？」

「あのね、僕、人間はカメレオンみたいにならないといけないって思ったんだ」

「何で、そう思ったんだい？」

「僕達人間がみんな豊かで幸せになって、争いも失くして穏やかになっていくには、カメレオン的な生き方を実践することが大事だと思ったから。それをできるようになるためにはどうしたらいいかって、カメレオンの視点から教えて欲しいんだよね」

「わかった。じゃあ、大事なことを教えるね。僕らのように生きるために、1番、知らなくてはいけないのは、今ここ、この瞬間、瞬間にエネルギーを置くことなんだ。僕らは常に、今、この瞬間にしかエネルギーを注がない。環境に適応できる身体、動じない性質、獲物を捕らえる時の瞬発力、そういった能力のすべては、今にフォーカスし、エネルギーを集中させているからなんだ。ここまではわかる？」

「うーん、わかるような、わからないような。僕ら、人間はエネルギーを集中できていないってこと？」

「そうだね。人間はいつも、すでに終わった過去と、まだ起こってもいない未来ばかり見ている。そして、罪悪感や後悔、不安や恐怖にばかり焦点を置いて〝今、この瞬間〟にいないんだ。そのせいで余分なエネルギーを使い、枯渇して、肝心な時、〝今〟を全力で生きることができないんだ。ひろしもそうじゃない？」

「そうかも。成績のこととか、親にどう言われるかとか、そんなことばっかり気にして、全然、今ここに集中できない。それでまたうまくいかないっていう、ずっと、その繰り返しだよ」

「しかも、人間は〝今の自分〟をいつも否定している。自分だけじゃなく、今、この瞬間にあるものすべてを否定して、大切にしていないんだ。否定は、それだけでものすごく疲れる上に、どんどんエネルギーレベルを落としてしまうからね。そりゃ、毎日、生きるのが辛くなるよ」

「うん、毎日が地獄だって思っていた」

「だけど、ひろしはマダガスカルに来て、バオバブの木やキツネザルと出会い、変わり始めている。彼らもまた、今を生きている存在で、そのエネルギーに触れた

おかげで、大切なことがわかってきたんじゃないかな。でも、まだ足りない。何度も言うけど、人間に絶対的に足りないのは、今を生きるエネルギーなんだよ」

「今を生きるために、僕は、どうすればいいの？」

「まず、自分を否定しないこと。ひろしは日本にいる時、親の期待に応えられない自分を嫌って『僕は出来が悪い』って、劣等感の塊になっていただろ？　それじゃダメなんだ。勉強ができない自分でも、親の期待に応えられない自分でも、社会に評価されない自分だとしても、ジャッジしないで受け入れてごらん。『これが自分だ、これはこれで素晴らしい』って認めてごらん。そして、今の自分を大切にして、心の底から楽しむんだ。それが、僕ら、カメレオンのように生きるための第1歩だよ」

「わかった。やってみる。ビーズの話を聞いていたら、やれる気がしてきた。君に会えて、本当に良かったよ」

「僕もひろしに会えて良かったよ」

「あと、1つだけビーズにお願いしたいことがあるんだけど」

「ひろしのお願いなら、断れないな。何？」

「普通はできないと思うんだけど、今、ビーズは身体が薄緑色になっているでしょ。これをブルーにしてみて欲しいんだ」

「えー、ひろしは無茶を言うなぁ。僕らは周りの色に合わせて色を変えていくから、何もないところで色だけ変化させるのは無理だって」

「僕ね、今ここに青いハンカチを持っているからさ。君をこれで包んだらどう？何とかやってみて。お願い！」

「変色するためには、ものすごいエネルギーを使うんだよ。まぁ、でも、ひろしにとって、この奇跡を見るのはとっても大切な体験になるからね。特別にやってあげる。1回だけだよ」

「やった！　アリス、お父さん、ビーズが特別にここで身体をブルーに変えてくれるって」

「すごい！　そんなのやってもらえるの？」

「うん、お願いしたらやってくれるって」

ひろしは空いている方の手に青いハンカチを置いて、ビーズを持ち上げます。

「そっと包んでよ、ひろし、傷つけないようにね」

「わかった」

ハンカチでビーズを優しく包み込みます。それを見ていたパパが真剣な顔でひろしに語りかけました。

「ひろしくん、これはね、とっても貴重な体験だ。ビーズはここで薄緑色から青く変わり、僕らは奇跡をこの目で見ることになる。でも、その奇跡を見たら、君もカメレオンのように生まれ変わると約束してくれるかい？　自分の人生を生き生きと彩り、鮮やかなものにすると約束できるなら、ビーズは奇跡を見せてくれると思うよ」

「わかりました、お父さん。ビーズが奇跡を見せてくれたら、僕も、自分の人生に奇跡を起こします。だから、ビーズ、お願い。青く変わった姿を僕らに見せておくれ」
1、2、3、4、5、6、7、8、9、10……。祈りながら10秒数え、ハンカチ

を広げます。

そこには、鮮やかなブルーに変色したビーズがいました。

その瞬間、大粒の涙がひろしの両目からこぼれ落ちました。言葉にできない喜びと感動の涙です。涙は、後から後から溢れ出し、ビーズを包んでいるハンカチはびしょびしょです。そのせいでビーズも雨に打たれたように濡(ぬ)れてしまいましたが、その身体はより美しく、ビビットな青色を放っていました。

「**ひろし、僕の身体を見てごらん。この青い色は君の人生にも起きる、奇跡の象徴だよ。これは僕からの贈り物だ。この瞬間を、君の魂の宝物にして欲しい**」

「うん、確かに、魂で受け取ったよ。ビーズ、本当にありがとう」

涙と鼻水で、ぐちゃぐちゃになりながら、ビーズを撫でるひろし。

「**じゃあ、僕は行くね。僕を木に戻しておくれ**」

ビーズを木に戻します。10秒ほどすると、また元の薄緑色に戻り、さっきと同じようにじっと動かなくなりました。しばらく、3人で眺めていると、時々、目をギョロっと動かしますが、彼はもう何も語りません。

ひろしは、もう1度ビーズへの感謝を心の中で呟(つぶや)き、そっと、その場から離れました。

マダガスカルから日本へ

「すごいものを見たなぁ。アリス、お父さん、ありがとう」

「私もとっても感激した」

「パパも素晴らしい体験ができて、良かったよ。この後は、いよいよレッドツィンギーだ。1時間ぐらい走ったら着くからな」

レッドツィンギーに向かう車の中でも、ひろしはずっと熱いものがこみ上げてくるのを感じます。

日本で生まれ育った、これまでの10数年の人生の中で、心が震えるほどの体験をしたことはありませんでした。でも、マダガスカルに来てからは感動の連続です。車の振動で身体が揺れると、涙腺が刺激され緩んで、涙がこぼれてきます。体中の水分がなくなってしまうぐらい、泣けて泣けてしょうがありません。

そんなひろしに、アリスもお父さんも声を掛けません。黙ったまま、ずっとずっと見守っていました。

「さぁ、ひろしくん、着いたぞ」

「ここがレッドツィンギーよ。日本にいた時のひろしも、これを見たら感動したと思う。でも、バオバブの木に触れ、キツネザルと出会い、カメレオンと話した今のあなたの感動はそんなものじゃない。びっくりして声も出ないはずよ」

「これ以上、まだ感動するの？」

「そうよ。感動に制限なんてないからね。さ、行きましょう」

20分ほど歩くと、赤い岩が無数にそそり立つ、レッドツィンギーが目の前に広がってきました。圧倒的な自然、燃え上がる炎のような絶景です。

「何、これ！」

ひろしは両腕を広げて、エネルギーを感じ取ろうとしました。でも、手が震えて、とても受け止め切れません。全身の力を抜いて、エネルギーに身をまかせました。すると、自分が無になり、同時に、どこまでも果てしなく広がっていくのを感じます。

「アリス、僕、わかった気がする！〝今、ここにいる〟って、こういうことなんだね」

全細胞が生まれ変わっていくような感覚。その瞬間、ひろしの中に、〝今、ここ〟が在りました。彼は、それをようやく体感したのです。

「アリス、僕はマダガスカルに来た意味がすべてわかったよ。どうしてマダガスカルに来る必要があったのか、どうしてアリスが僕を誘ってくれたのか。そして、どうしてバオバブの木やキツネザル、カメレオンと出会ったのか。頭でわかったんじゃなくて魂でわかった。すごい経験だったよ」

「ひろし、とうとうやったね。これで、マダガスカルの旅は終わりよ」

「良かったな、ひろしくん。今晩は、おいしいものをたくさん食べて、お別れ会をしよう」

それを聞いて、ひろしの胸はチクリと痛みました。

その夜は近くのホテルにチェックインし、ちょっとだけ高級なレストランに入りました。

「ひろし、マダガスカル最後の夜ね」

「寂しくなるなぁ」

「僕も、寂しいです。ずっとここにいたいです。日本でお父さんとお母さんが待っているから、帰らないといけないんだけど……。僕、日本にいる時は、親が大嫌いだったんだ」

「うん、知ってるよ」

「でもね、日本を離れて、マダガスカルで何日か過ごしていたら、不思議なんだけど、あんな父親や母親でも、自分のことを愛してくれていたんだって気づいたんだ。何で気づいたのか理由はわからないけど、両親は僕をとっても愛しているし、大事にしてくれているんだって今は感じる。だから、マダガスカルに連れて来てくれたアリスと、僕のために旅に付き合ってくれたお父さんにすごく感謝しているよ。今だったら、日本に帰ってあの家にいても、違う自分でいられる気がする。こんな体験をさせてくれて、２人は僕の魂の恩人だよ」

「ううん、私もとってもいい体験をさせてもらった。ひろしのおかげよ」

「パパも、ひろしくんと会えて嬉しかったよ」

「明日、日本に帰るのは本当に辛いけど、ここでの思い出があれば、きっとやっていけると思う。本当にありがとう」

３人はお父さんがシャンパン、ひろしとアリスはマンゴージュースで乾杯し、お別れのディナーを楽しみました。メニューは、お父さんがちょっと奮発して、マダガスカルで１番高級とされている豚肉、そして、ラム肉、牛肉、鶏肉と、豪勢な料理を頼んでくれました。

こんなにおいしい肉料理を食べたのは初めてです。マンゴージュースも格別で、食べ終わった後は心も身体も満ち足りていて、ひろしはこんな夜が永遠に続けばいいと思いました。そして、その夜はマダガスカルの思い出と共に眠りました。

翌日、目が覚めると、ひろしは急に悲しくなりました。

「やっぱり帰りたくない。またバオバブの木の精霊に会いたい、キツネザルのペペに会いたい、カメレオンのビーズに会いたい」

猛烈にそう思いました。でも、それは叶(かな)わない願いです。

「ひろし、そろそろよ。帰る準備はできた？」

アリスが、いつまでもベッドから出てこないひろしを迎えに来ました。

「あら、あなた、また泣いているの？」

「アリス、僕、やっぱり帰りたくない。夕べは帰れる気がしたけど、今朝、起きたら、寂しくて我慢できない。こんなに、寂しいのは生まれて初めてだよ」

「ひろしったら、すっかり泣き虫になっちゃったのね。いつまでもこうしていたら、ますます悲しくなるよ。お別れの時は必ず来るの。だったら、早い方がいい。私だって、ひろしとさよならするのは寂しいし、ずっと一緒にいたいよ。でも、そういうわけにいかないの。日本に帰りましょう」

「嫌だ！　嫌だ！」

ひろしは駄々っ子のように、泣きじゃくります。

「僕はこれまで、悔し涙や怒りの涙、不甲斐（ふがい）なさの涙はいっぱい流してきた。でも、マダガスカルで流した、感動と感謝の涙は初めてだった。ずっとこんな気持ちで暮らしたいよ。アリス達と、ここでずっと生きていたいよ」

さらに大声を出して、泣き出すひろし。

「やっぱりひろしはおバカさんね。あなたが日本に帰っても、私達はずっと友達よ。会いたくなれば、今度は飛行機に乗ってマダガスカルに来ればいい。距離なんて関係ない。時間も関係ない。すべてを超えて魂は一瞬で繋がることを、あなたはここで経験したはずよ。だから、私は、さよならは言わない。また会えるって知っているもの」

アリスの声がだんだん遠くなっていきます。涙でその姿は滲（にじ）み、ぼやけた視界の先に、東京からマダガスカルに来た時の次元の扉が現れました。ひろしはまだ泣いています。でも、もう、そこにアリスはいません。

「アリス、どこ？　嫌だ、帰りたくない！」

抵抗すればするほど、ひろしは次元の扉に、ブラックホールに吸い込まれていきます。そして、またぐるぐると渦を巻いていく。それは、ものすごく長い時間に感じられましたが、おそらく一瞬です。

ハッと気づいた瞬間、ひろしは、東京の自分の部屋にポツンと1人で座っていました。

エピローグ

ひろしは、しばらくぼーっとしていました。

見慣れた机、見慣れたベッド、見慣れた参考書。マダガスカルに行く前と何も変わっていないのに、まったく違う。モノクロからカラーになったように、目の前のすべてが色づいているのです。

その変化に驚いていると、家の1階からいろいろな人が話す声と、ドタバタと歩く足音が聞こえてきました。

会話に耳をすますと、話しているのは両親と警官のようです。どうやら、お祭りに行ったまま、ひろしは3日間ほど〝行方不明〟になっており、大騒ぎになっているようでした。

「私が厳しくし過ぎて、ひろしは家出したのかもしれない」

「お父さん、あの子、まさか、どこかで自殺しているんじゃ……」

「お2人とも、心配するのはわかりますが、まだ決まったわけじゃありません。どうか落ち着いてください。今はまだ、捜索中ですから」

警官になだめられ、泣き出す母親の声が聞こえて来ました。あんなに沈んだ、父親の声を聞くのも初めてです。両親がどれだけ自分のことを心配していたのかわかりました。これまでのひろしなら、ここで自分もパニックになっていたでしょう。でも、ひろしは生まれ変わりました。アリスに「帰りたくない」と泣いていたひろしでもありません。

警官が帰ったのを確認すると、勇気を出して階段を下りていきます。父親と母親はソファーに座り、頭を抱えていました。

「お父さん、お母さん、ただいま」

「ひろし⁉」

2人が同時に叫びます。

「生きていたの？　これは夢？　夢なの？」

「ひろし、どこに行っていたんだ！」

怒りながらも、父親の目には涙が溜まっています。身体も、ひと回り小さくなったように見えました。

「2人とも、心配をかけてごめんなさい」

母親が何も言わずに、ひろしを抱きしめました。父親は、生きているのを確かめるように、ひろしの頭を何度も何度も撫でます。

「とにかく無事で良かった。ケガはしてない？　大丈夫？」

「大丈夫だよ、お母さん。僕ね、生まれ変わったんだ」

怪訝な顔で、ひろしを見る2人。

「確かにあなた、よくわからないけど、雰囲気が変わったわ。本当にひろしなの？　なんか別人みたい。陽に焼けているし、目も顔つきも全然違う。お父さんもそう思わない？」

「そうだな。前のひろしは、もっと、なんていうか暗くて生気がなかった。お前、一体、何があったんだ？」

「きっと信じてもらえないと思う。でも、いつか信じてもらえる日が来ると思って話すね」

ひろしはソファーに座ります。両親はまだ何か言いたそうでしたが、堂々としたひろしにちょっと圧倒され、一緒に座り、次の言葉を待ちました。

「僕ね、お祭りに行ったでしょ？　そこでアリスって子に出会って、マダガスカルに行っていたんだ」

「マダガスカル？　お前、航空券もパスポートもないのに、どうやってマダガスカルになんか行けるんだ？　行けるわけないだろ」

「うん。普通は行けないよね。でも、本当に行ってきたんだよ。そして、生まれて初めての素晴らしい出会いをたくさん体験してきた。今は信じてもらえないだろうから詳しくは言えないけど、日本では絶対、体験できないことばかりでね。自分でも驚くほど、生まれ変わることができたんだ。僕は、マダガスカルに行く前は自分のことが大嫌いで、お父さんもお母さんも大嫌いだった。学校も勉強も社会も大嫌いで本当にもう辛くて、死んでしまった方がいいって思っていたんだよ」

「死にたいって、ひろし、お母さんのせい？　お母さんが悪かったの？」

「いや、お父さんのせいだ。お父さんはお前のことを叱ってばかりいたから、嫌になったんだろ？」

「誰も悪くないよ。誰のせいでもない。それに、今は死にたいなんて、これっぽっちも思っていないから安心して。僕はね、今は生きていることが嬉しいし、お父さんとお母さんの子供で良かったって、心から思っているよ。こんな出来の悪い息子だけど、２人が僕を守ってくれているって感じるんだ」

「当たり前だろ。出来が悪かろうが良かろうが、ひろしはうちの子だ」

「うん、お父さんがどう思っているかわかるよ。それにね、僕、マダガスカルの体験で自分を好きになったんだ。そしたら、自信を持てるようになって、自分の可能性にチャレンジしたくなったの。そのためには、今この瞬間を大切にして、いつも全力で生きていこうって思っている。そうすれば何か違う自分になれる気がするんだ」

「ひろし、お母さんにはよくわからないんだけど。違う自分ってどんな自分なの？」

「僕にもまだわからないよ。それは、お父さんやお母さんが望む僕であるかもしれないし、そうじゃないかもしれない。でも、僕自身は誰がどう言おうと、絶対に自分を認め、自分を褒めてあげる人間になりたい。そして、お父さんとお母さんの理想通りじゃなくても、いつか、そんな僕のことを『誇りに思うよ』って言って欲

しい。だからね、２人にいっぱい心配をかけてきたけど、これからも僕を見守って
くれる？　絶対に、喜んでもらえる息子になるから」
「どんなひろしだろうと、お母さんにとっては大事な息子なの。ずっと見守って
いるに決まっているでしょ」
「そうだ。生きてくれているだけでいいんだ」
ひろしの話を聞いているうちに、父親と母親にも変化が起きていました。ひろし
の中に刻まれたマダガスカルのエネルギーが、２人にも影響を与えたのです。
「ひろし、お父さんは正直、まだ信じられない。でも、お前の顔を見て、お前の
話を聞いていたら、本当かもしれないって気がしてきた。いつか、マダガスカルで
体験したことを話してくれるかい？」
「もちろんだよ。僕も、マダガスカルの奇跡の物語を２人に聞いて欲しい。でも
ね、今はこれだけ言わせて。お父さん、お母さん、ありがとう。僕は僕に生まれて
良かった。本当に幸せだよ」

―完―

ドクタードルフィンの
マダガスカル体験記

人類発祥の地「マダガスカル」

私ドクタードルフィンの、マダガスカルでのエネルギー開きの旅は、さまざまな奇跡の連続でした。それを体感していただくために、もう少しマダガスカルの成り立ちについて詳しく説明したいと思います。

冒頭でもお話しましたが、私が、88次元の高次元エネルギーでマダガスカルを読んだところ、これまで知られていない面白いことがどんどんわかってきました。自著『人類創世記』(ヒカルランド)で人類創世の謎について書かせてもらいましたが、それにまつわる話でもあります。

マダガスカル島は、これまでアフリカ大陸の一部だったと考えられてきました。ネットや歴史書を見ても、古代にアフリカ大陸から分離したと書いてありますが、それは、私のリーディングによると間違いのようです。

もし、分離したのなら、マダガスカルにもアフリカ大陸にいるような、大型のワイルドな動物がいるはずですし、アフリカの内陸に、マダガスカルにいるカメレオンやキツネザルやバオバブの木が生息しているはずです。ですが、どちらにも、その痕跡はありません。

つまり、2つの地がかつて地続きであったのならば残っているはずの、物証が乏しいのです。それを不思議に思い、マダガスカルのエネルギーをリーディングすると、やはりアフリカ大陸からは分離しておらず、まったく別の場所から来たことがわかりました。

これは非常に大事なことです。

では、マダガスカルはどこから来たのか？

超古代、地球上の大陸のパズルは、現在とまったく違っていました。なかでも、東南アジアのインドネシアのあたり、小さな島々がたくさんある地域には、小さな1つの大陸が存在していました。これが、マダガスカルのです。

ここに、オリオン星のネガティブからアダムのエネルギーが、ポジティブからイブのエネルギーが地球に入り、それが人類のの祖となって、世界中へ流れていったのです。

　この説は、どの人類学者も唱えていないことで、人類の祖は、アフリカで生まれたとよく言われています。しかし、私が、地球のエネルギーを読むと、人類創世の大元は、現在のインドネシア付近にあった頃のマダガスカル。これが、マダガスカル＝人類発祥の地の所以となります。


　超古代のマダガスカルは、太平洋からインド洋と、西にどんどん流され、その間に徐々に大陸が削られていきます。そして、大陸の本体は、さらに南へ流され、現在の場所に島として根付きました。

　また、私自身、驚いたのですが、どうやらイギリスも、大陸が削られる過程でマダガスカルから分岐したようです。２つの国は、地図上ではあんなに離れていますが、元々は同じ大陸。イギリスはマダガスカルの一部だったのです。

　そう考えると、グラストンベリーの丘にある、イギリス最古のキリスト教修道院「グラストンベリー修道院」の伝説も、すべて一致します。ここはアーサー王伝説に出てくる「アヴァロン島」ではないかと伝わっており、このアヴァロン島こそ、アダムとイブのリンゴの木の伝説の元となる場所と言われているからです（アヴァロンはケルト語で〝リンゴ〟を表す語が元になっているとされている）。

さらに、マダガスカルが人類発祥の地ということに、私が納得したのはキツネザルが生息する、レミューアイランドの存在です。〝レミュー〟の語源は、レムリアで、ここに住むキツネザル達は、超古代文明レムリアの使者として文明を築いた先祖がサルに変身したものと言われています。つまり、彼らはレムリアのエネルギーそのものなのです。

レムリアより古い超古代文明は、いくつもありますが、宇宙が理想とする愛と調和の文明を築いたのはレムリアだけであり、築かれた場所はマダガスカルでした。しかも、それをレムリアの大元となるシリウス星のエネルギーがサポートしたので、マダガスカルは、シリウスの影響も大きく、人類がもっとも学ぶべきエネルギーが残っている土地と言えます。

そして、マダガスカルの固有種である、カメレオン、キツネザル、バオバブの木に、そのエネルギーは引き継がれました。ですから、この3つには、力強さだけでなく、愛と調和のエネルギーが色濃く宿っているのです。

私は、そんなマダガスカルのエネルギーを読んだ時、とても感動しました。自分が、この地に行かされた意味を、深く理解したからです。

カメレオンのエネルギー開き

2022年10月21日、ドクタードルフィンのリトリートツアー一行は、成田空港から、エチオピア航空の飛行機に乗ってマダガスカルへ出発しました。

韓国のソウル経由で、エチオピアの首都・アディスアベバの空港に着くまで約14時間。そこから、もうひと踏ん張りして、飛行機を乗り換え、マダガスカルに向かうという長旅でした。

マダガスカルに向かう飛行機で、不思議なことが起こりました。この日は、オリオン座流星群が、もっとも観察されるタイミングだったのです。これは、先ほどお話しました、オリオン星文明の高次元生命体エネルギーが、人類の種としてマダガスカルへ降り立ったという話と合致します。

私がマダガスカルに向かっている、その時、オリオン座流星群のピークが訪れたのは、おそらく偶然ではなく、まさに、セッティングされたようなタイミングだったのです。今回の旅の目的は、人類創世の地「マダガスカル」のエネルギーを開き、ヒューマンリセットを行うためですが、オリオン座流星群との遭遇は、その祝福だったのでしょう。

私達が最初に降り立ったのはマダガスカルの首都・アンタナナリボ。かつてフランスの植民地だったので、フランス色の強い街です。初日の夜は、カールトンホテルというところで、ウェルカムパーティーを開き、イブニングスピーチを行いました。

翌日は、自然奇石の名勝・レッドツィンギーへ。夜中の2時に起きて、朝食を食べ、3時半に出発。アンタナナリボの空港から、朝6時半発の国内線で、ディエゴスアレス空港へ向かいました。かなりの強行軍です。

レッドツィンギーへの移動がまた大変でした。最初は大きなバス1台に、ツアー参加者20名全員が乗ったのですが、途中から、舗装されていないオフロードのデコボコ道になるので、４ＷＤの車５台に分乗しました。

車中は、ガッタン、ガッタンとものすごい振動です。しかも、車はメーターが壊れており、言い方は悪いですが〝オンボロ車〟なので、乗り心地はかなり悪い。

さらに、道路は中央線がないため、対向車が道路の真ん中を堂々と走ってきます。一方、こちらも真ん中を悠々と走っているので、ギリギリまで正面衝突をして死んでしまうのではないかと、気が気ではありませんでした。しかし、現地の運転手は、まったく減速をせず、涼しい顔で運転しています。

また、彼らは道を歩いている野犬を轢(ひ)いても、「まぁ、大丈夫だろう」と気にせず、いちいち車を降りて確認をしません。大雑把というか、大らかというか……。日本ではあり得ませんが、これが〝マダガスカルルール〟なのでしょう。

さらに、驚いたのは、野生のカメレオンとの遭遇です。

今回の旅で、私は野生のカメレオンに会いたかったのですが、添乗員さんからは、おそらく無理だと言われていました。ですから、アンタナナリボから車で2時間ほどの場所にある、私営動物園「マダガスカルエキゾチック」通称「カメレオンファーム」に行く予定になっていました。

しかし、レッドツィンギーの道中に3度も（!）、違う種類の野生のカメレオンに会えたのです。これもまた、奇跡でしょう。

カメレオンを見つけたのは、現地のガイドさんでした。車で走っていると、突然「あっ」と声を上げるので、どうしたのかと聞くと、「木にカメレオンがいる」と言うのです。

私達にはまったく見えませんが、彼らは時速60キロぐらいで走っていても、木の枝に乗っている、カメレオンを見つけられるらしい。すごい特技です。

車から降りて、木に近づき、初めて野生のカメレオンを見ました。この瞬間をどれだけ楽しみにしていたか！

1度目は薄茶色、2度目はグリーン、3度目はシルバーのカメレオンに出会え

ました。野生で人馴れしていませんから、最初の2回は近くで見ているだけです。しかし、3回目は、どうしても我慢ができなくなり、逃げられるのを覚悟で、思い切って触れてみました。すると、逃げません。嬉しくなって、そっと掴んで腕に乗せても、やはり逃げずにじっとしています。

その時、私には、カメレオンが語り掛けてくる感覚がありました。言葉ではありません。彼らは、とてもおとなしく動きませんが、無言のまま語ると言いますか。〝無

からエネルギーを伝えてくる感覚が確かにあったのです。

自著『地球の生きもの高次元DNA wave』（ヒカルランド）でも記しましたが、カメレオンは地球の生き物の中で、最高の振動数、次元の波動を持っています。多くの人は、イルカが地球上で、もっとも高い波動を持った生き物だと思っているでしょう。私も、そう思っていました。しかし、カメレオンのエネルギーをリーディングしたところ、イルカよりも上でした。

だからこそ、カメレオンとのリアルな触れ合いは、私にとって、これ以上ない喜びと感動だったのです。カメレオンを腕に乗せている間、「このまま死んでもいい」と思いました。こんな、幸せな体験はありません。

同時に、そのカメレオンに向かって、エネルギー開きを行い、彼らのDNAをさらに次元上昇させました。そのため、今後は、カメレオンと人類、双方のエネルギーが開いてくるはずです。人類の〝カメレオン化〟も、加速していくでしょう。

カメレオンと触れ合った後、レッドツィンギーでは、人類と地球の浄化・解毒、それを強化するためのエネルギー開きを行いました。

そして、午後にはフランス山へ。ここはフランス軍が軍事基地を置いていた場所で、なぜ、ここを基地にしたのかというと、ものすごいパワースポットだったからです。当時のフランス人は、ここを拠点にすれば自分達がエネルギーを得られるとわかっており、基地にして「フランス山」と名付けたのです。

そんなフランス山での目的は、人類と地球の自己存在価値・意義の超覚醒です。

そのためのエネルギーを開くセレモニーを実施し、この地を後にしました。

3日目は、マダガスカルの避暑地アンチラベ、4日目は、11時間のドライブで、西部のムルンダヴァというリゾート地に向かいました。

その途中、ニアンドリバズという町に寄って豚肉料理を食べたのですが、マダガスカルで豚肉は最高の贅沢(ぜいたく)品です。そのご馳(ち)走を、たっぷりといただき、夜は、ム

ルンダヴァの海沿いのホテルへ。

この日は、ほぼ1日中、車に乗っていたので、さすがにクタクタです。目の前に砂浜が広がる、コテージタイプのホテルで、ぐっすりと眠りにつきました。

そして5日目。いよいよ、旅の後半戦です。

早朝に起きて、コテージから砂浜に出ると、心地よい海風が吹き、マダガスカルの小鳥達が、可愛らしい鳴き声で出迎えてくれました。

しかし、この日も、ゆっくりはしていられません。午前中は、カヌー体験と漁村見学です。

まず、ベタニアという漁師町まで、マングローブの川を丸木舟で移動をします。ただ、この舟がグラグラしてかなり怖い。落ちそうで、ずっとヒヤヒヤしていました。これもまた、マダガスカルの洗礼でしょう。

ようやく着いたベタニアは、決して裕福な村ではありません。しかし、そこに暮らす人々は皆、明るく生きる力に溢れていました。観光客に対しても、とてもオープンでフレンドリーです。ココナッツの木がたくさん生えていて、「ジュースが飲みたい」とお願いすると、スルスルっとサルのように身軽に登って、実を切って落としてくれました。

ココナッツの実は重く、落下するたび、地震か？　というぐらいゴトン！　と、すごい音がします。ですから、切る時は「危ないぞ〜」と叫ぶのですが、それがまた、楽しい。ココナッツは、その場でジュースにして、果肉もいただきました。味付けもなく、冷えてもいませんが、おいしかったのは言うまでもありません。

バオバブとマダガスカルチルドレン

午後は、いよいよ、この旅の重要な目的地の1つである、バオバブストリートに向かいました。

観光スポットとして有名な場所で、道路の両脇にはずらりとバオバブの木が並んでおり、その景色は壮観です。

そして、驚いたのは、バオバブストリートの入口にある、大きな広場です。ヤギ達がたくさん集まっていたのですが、よく見ると、直径が100メートルぐらいある、ストーンサークルになっているのです。ここに、人類の祖が舞い降りたのだと、直感でわかりました。

確認するため、その場で地球の高次元DNAを読むと、やはり地球創始以来、初めて、オリオンのエネルギーが舞い降りた場所でした。マダガスカルのバオバブのエネルギーが高いのは、そのためで、彼らは、やはりオリオンの使者だったのです。

改めて、マダガスカルのすごさを実感しました。

ちなみに、この日は10月26日。日付を聞いて、ピンとくる方もいらっしゃるかもしれませんが、前年（２０２1年）の同じ日、午前2時26分に伊豆・下田の龍宮窟で、私ドクタードルフィンが弥勒(みろく)の世を開きました。

その日を狙ったわけではないのですが、ちょうど1年後、つまり、もっともエネルギーが高い日に、神秘の木・バオバブと対面し、そのエネルギーを開くことになったのです。

エネルギー開きの趣旨は、人類と地球の個の強化と独立。自己存在価値、自己存在意義の超覚醒です。私は、たくさんのバオバブの木の中でもひと際大きく、1番立派な木のところまで行きました。幹が太く、大きく根を張り、圧倒的な生命力を感じます。

私は、思わず木に抱きつきました。そして、幹の途中にデコボコした大きな段差があったので、そこへ登って座りました。

すると、30人ぐらいのマダガスカルの子供達が、わらわらと出てきて、私の周りにわーっと寄ってきたのです。彼らは好奇心旺盛で純粋ですから、木に登って座っ

ている「おかしな日本人」が気になったのでしょう。

私は、自分へのチャレンジとして、興味津々で見てくる子供達に向かい、思い切って、「イエイ」と声を掛けてみました。

最初、子供達は10メートルか15メートルほど離れており、声を掛けても、不思議そうな顔で黙って見ているだけです。

しかし、私には、彼らが絶対応えてくれるとわかっていました。こんな時、日本人の子供なら、怖がるか恥ずかしがって逃げていきます。親も、「あんなところに行っちゃダメ」「知らない人と話しちゃいけません」と言うでしょう。未知の存在に心を閉じ、引いてしまうからです。

一方、マダガスカルの人達は、大人も開放的で、子供達も警戒心がありません。私が喜びと感動の波長を投げかければ、最初は引くかもしれませんが、必ず心を開いてくれるはず。そう思って「イエーイ」と繰り返し、声を掛け続けました。それでも、子供達は、互いの顔を見合わせています。そこで、さらに、両手を上げて、大きな声で「イエーイ」と叫びました。

すると、皆がいっせいに、満面の笑顔で「イエーイ！」と返してきたのです。子供達のハートが開いた瞬間でした。

その時、私のハートもオープンになりました。私は、日本ではあえて、心を半分閉じて過ごしています。そうしないと、非常に疲れてしまうからです。しかし、そんな私の心を、マダガスカルの子供達が一瞬で開いてくれたのです。

この場所に辿り着くまで、何日間もバスに乗り、マダガスカルの山間部の街や村を見て来ました。都市部と違い、貧しい家が多く、電気も水道もインターネットもない暮らしをしています。どこへ行っても、道には赤ん坊を抱えたお母さんや小さな子供達がたくさんいます。ガイドさん曰く、ほとんどの村には井戸しかなく、食べ物も粗末なものしかないとのこと。村と村がかなり離れているので、自分の村を出ることもなく、大人になっても、自分が住んでいる場所しか知らない人も多いそうです。

しかし、子供達は、私達のバスが通ると、笑顔で嬉しそうに手を振ってくれました。その姿に、私はショックを受けました。この子達は、外の世界を何も知らない、贅沢をしたこともない。それなのに、その目は、キラキラと輝いていたからです。

だからこそ、私は、バオバブの木の周りに集まって来た子供達を見た時、この子達なら、純粋な投げかけに絶対、応えてくれると確信を持てたのです。

そして、実際に彼らは、応えてくれました。

日本人の、多くの人の目は濁っています。こんなに豊かで、情報もモノも溢れているのに、口を開けば他人の非難や悪口ばかりで、未来のある子供達ですら、多くが生きる希望を持てない状態です。

しかし、マダガスカルチルドレン——私は、そう呼んでいるのですが——彼らは貧しくとも、生きる力に溢れていました。そして、心に曇りがありません。こちらが素直に触れ合えば、心を開き、エネルギーをまっすぐに返してくれます。日本人の観光客は、現地で彼らと会っても、おそらく「こんにちは」と言って、お菓子をあげるぐらいでしょう。しかし、私は、彼らの純粋な精神と魂に触れたかったのです。自分には、それが必要であり、バオバブの木に登った時、今しかそのチャンスはないと思いました。

彼らは、木の上にいる私に、歓声と笑顔を返してくれました。嬉しくなった私が木から飛び降り、思わず踊り出すと、彼らも一緒に踊ってくれました。互いの喜びの波動が共鳴したのです。

この、最高の体験は、私にとって人生最高のご褒美です。マダガスカルチルドレン達は、何も持っていません。しかし、日本では得られないエネルギーを私に与えてくれたのです。それは価値観が変わるほどの、尊い瞬間。マダガスカルの旅でベスト3に入る、素晴らしい体験になりました。

レムリアリセットの奇跡

マダガスカルリトリートツアーも終盤になりました。でも、まだ大事な目的が残っています。レムリアの使者「キツネザル」に会いに行くことです。

7日目の10月28日に、東海岸にあるペリネ特別保護区へ。そして、キツネザル

の聖地「レミューアイランド」を訪れました。ここには、たくさんの種類のキツネザルが生息しており、どのサルも、人懐っこく、愛らしく、私達のところに寄ってきて、木にぶら下がったり、踊ったりしてくれます。

たっぷりサル達と戯れた後、キツネザルのエネルギーを超覚醒するセレモニーを行い、サル達に向かって、ハーモニカを吹きました。

すると、また驚くことが起きました。私のハーモニカの音に共鳴し、キツネザル達がいっせいに

「キーキー」と鳴き出したのです。現地のガイドさんも、こんな光景は見たことがないと驚いていました。

先ほどお話したように、レミューアイランドは、地球で唯一残っている超古代レムリアのエネルギーの残存地。そして、私ドクタードルフィンは、パラレル宇宙においてかつてレムリア王朝の女王であった過去生を持っており、私自身がレムリアのエネルギーを有しています。そのため、私が吹いたハーモニカの音は、超古代レムリアの音色として響き、それにサル達が反応したのでしょう。

彼らは、エネルギー開きによって、レムリアのエネルギーがリセットされたことを喜び、お返しとして、私のハーモニカの音に呼応したのです。

そのハーモニーは大変、感動的だったようで、ツアーの参加者達は皆さん、涙を流していました。

後に、この日、2022年10月28日は「世界キツネザルの日」だったことが判明しました。これは、現在、100種類以上いるキツネザルの多くが絶滅の危惧に晒(さら)されており、彼らを守るためには何ができるか、世界中で考えるために制定された日です。

そんな日に、キツネザルの聖地「レミューアイランド」でレムリアリセットを行い、彼らのエネルギーを開いたとわかり、私自身、非常に驚きました。もちろん、仕組んだわけではありません。ただ、ただ、大宇宙が、そうさせたのです。

また、マダガスカルの旅の真っ最中だった10月25日は、地球が新しく生まれ変わり、覚醒するためのエネルギーが宇宙から降り注ぐ、イーグルゲートが開いた日でもありました。
私ドクタードルフィンのエネルギー開きには、いつも、このような宇宙の強力な采配があるのです。

今回のエネルギー開きの旅によって、何がもたらされたのか。それは、もっとも高い次元の宇宙と、人類創世の地「マダガスカル」が強力に繋がったということです。その結果、人類と地球の第3チャクラが開かれ、自己価値の創造、浄化と解毒、さらに、人類の水晶化、珪素化の能力が強化されました。それによって、マダガスカルで採れる天然石、水晶とローズクォーツ（ピンク水晶）が次元上昇し、人類と地球の次元上昇につながりました。

そして、何より大きな成果は、人類の〝ゼロリセット〟の能力が非常に高くなったことでしょう。自著『0と1　宇宙で最もシンプルで最もパワフルな法則』（青林堂）でも記したように、「0」はあらゆる可能性を秘めた、すべてです。ここに戻らない限り、魂は生まれ変わることはできません。しかし、私がマダガスカルを訪れ、ヒューマンリセットを行い、この地のエネルギーを開いたことで、人類のゼロリセットは容易になりました。

今後は、愛と調和のレムリアエネルギーが上昇し、人類と地球の〝NEOレムリア〟化は、より進んでいくでしょう。

その歩みを、私ドクタードルフィンはこれからも、サポートしていきたいと思っています。

あとがき

「人生に希望なんてない」

絶望しながら暮らしていた14歳のひろしは、日本を飛び出し、マダガスカルでの魂の再生の旅を経て、生まれ変わりました。

マダガスカルの少女アリスは、そんなひろしのガイドとして、寄り添い、アドバイスをし、時に叱咤(しった)激励して、彼を導いていきます。

2人は、エネルギーの次元がまったく異なる存在として描かれていますが、私は、どんな人の中にも、ひろしとアリスが存在していると思っています。

絶望と希望、不安と安心、渇望と充足、分離と融合……と、誰もが、低い次元と高い次元のエネルギーを併せ持ち、その中で、常に、揺れ動いているのではないでしょうか。

物語のクライマックスでは、相反するエネルギーが融合し、昇華されていきます。その過程は、「魂の成長」そのもの。まさに、人類と地球の進化と成長のストーリーと言えるでしょう。

私が経験したマダガスカルの旅には、ひろしとアリスのストーリーを凝縮した、強烈な体験と数々の奇跡がありました。

本書を、最後まで読んでいただくとわかると思いますが、2人の物語は、私ドクタードルフィンの旅がベースになっています。ですから、フィクションではありますが、同時に、ノンフィクションでもあり、両方を読むことで、その〝答え合わせ〟ができる構成になっています。

このような形にしたのは、冒頭でも述べた通り、読者の方に、マダガスカルのエネルギーを、より生き生きとリアルにお伝えするためです。そのためには、3つの柱＝「バオバブの木」「キツネザル」「カメレオン」との出会いと交流を、ひろしと共に体感していただく必要があると思いました。

本書を読むだけでも、もちろん、マダガスカルのエネルギーに触れることはできますが、そこから1歩進んで、この島の人々や自然に興味を持ち、その生命力の根源を知り、いっそ現地へ行ってしまう……。この本が、皆さんにとって、そんなトリガーになれば幸いです。

ぜひ、マダガスカルの奇跡を、ご自身の五感、そして魂で体験してください。

88次元 Fa－A

ドクタードルフィン 松久正

88次元 Fa-A
ドクタードルフィン 松久 正

医師（慶応義塾大学医学部卒）、米国公認 Doctor of Chiropractic（米国 Palmer College of Chiropractic 卒）。

鎌倉ドクタードルフィン診療所院長。

超次元・超時空間松果体覚醒医学（SD-PAM）／超次元・超時空間 DNAオペレーション医学（SD-DOM）創始者。

神や宇宙存在を超越する次元エネルギーを有し、予言された救世主として、人類と地球を次元上昇させ、弥勒の世を実現させる。著書多数。

ドクタードルフィン公式ホームページ　https://drdolphin.jp

マダガスカルの異次元力
ひろしとアリスの異国交流を通して

令和5年10月23日　初版発行

著　者　松久正
発行人　蟹江幹彦
発行所　株式会社　青林堂
〒150-0002　東京都渋谷区渋谷3-7-6
電話　03-5468-7769
装　幀　TSTJ inc.
印刷所　中央精版印刷株式会社

Printed in Japan

ISBN 978-4-7926-0751-7

松久正 既刊本一覧

宇宙マスター神「アソビノオオカミ」の呪縛解き
封印された日本人の目醒め
神札付　2880円／上製

超古代ピラミッド「富士山」と高次元フリーエネルギー
その覚醒・起動による近未来予言
神札付　2880円／上製

至高神　大宇宙大和神の守護
破綻から救済へ
神札付　2880円／上製

“五芒星”封印解除と“魔除け”再起動
鬼門（白猪）・裏鬼門（八咫烏）の復活と天照大御神の伊勢神宮内宮本鎮座
神札付　2880円／上製

0と1
宇宙で最もシンプルで最もパワフルな法則
ステッカー付　2880円／上製

至高神　大宇宙大和神の導き
操り人形の糸が切れるとき
神札付　2880円／上製

宇宙マスター神「アソビノオオカミ」の秘教
地球の封印を解く大宇宙叡智
神札付　2880円／上製

卑弥呼と天照大御神の復活
世界リーダー・霊性邪馬台国誕生への大分・宇佐の奇跡
お守り付　3550円／上製

神医学
1710円／並製

ピラミッド封印解除・超覚醒
明かされる秘密
1880円／並製

神ドクター
Doctor of God
1400円／並製

（価格はいずれも税抜）